Amandine Bernardi

GRANDIOSES GEMÜSE

Amandine Bernardi

GRANDIOSES GEMÜSE

Neue Lieblingsgerichte
für Tomate, Kartoffel,
Zucchini, Karotte
und Co.

riva

VORWORT DER AUTORIN

Bevor mein Blog entstand und ich wirklich zu kochen anfing, habe ich ziemlich wenig Gemüse gegessen, denn ich dachte, dass ich es nicht mögen würde ... aber das war, bevor ich wusste, wie man Gemüse eigentlich kocht, und ich es besser kennengelernt habe! In Dampf oder Wasser gegartes Gemüse ist für manche vielleicht nicht so der Hit, aber was würden Sie zu gefüllten Zucchini aus dem Ofen sagen oder zu einem köstlichen Auberginen-Curry mit Kokosmilch, mit dem Sie kulinarisch auf Reisen gehen? Haben Sie nicht Lust, zum Aperitif Grissini in ein Erbsenhummus zu dippen oder mal »Wings« aus Blumenkohl zu zaubern? So können Gemüsegerichte Spaß machen ... und Sie Geschmack daran finden!

Bleiben Sie bloß nicht in alten Vorurteilen oder unguten Kindheitserinnerungen hängen, der Geschmack entwickelt sich, und Sie könnten überrascht feststellen, dass Sie Gemüse, das Sie früher nicht ausstehen konnten, mittlerweile tatsächlich mögen. Bis vor Kurzem dachte ich, Auberginen würden mir nicht schmecken, dann habe ich eine Caponata gekocht ... eine Offenbarung für mich! Und bei den ganz Skeptischen, die noch immer Vorbehalte haben, braucht man womöglich nur ein wenig zu tricksen und das Ganze zu tarnen ...

Zu jeder Jahreszeit lassen sich Gemüsesorten entdecken oder wiederentdecken; damit können Sie Ihre Ernährung vielfältiger gestalten, aber auch das ganze Jahr über alle Aromen auskosten.

Lassen Sie sich von den 100 Rezepten in diesem Buch inspirieren: Lernen Sie Gemüse besser kennen und sogar lieben – Sie werden Freude haben am spielerischen Umgang mit seiner Farbe und Textur und es mit ausgesprochen leckeren Zutaten kombinieren, um es geschmacklich noch reizvoller zu machen.

Amandine

Amandinecooking.com

INHALT

EINFÜHRUNG

Gehören Sie zu denen, die »es nicht so mit Gemüse haben«?
Ist Gemüse für Sie gleichbedeutend mit faden Gerichten
oder wissen Sie einfach nicht richtig, wie Sie es zubereiten
sollen? Mit diesem Buch lernen Sie, damit zu kochen ...
und es zu mögen!

DIE PLUSPUNKTE VON GEMÜSE

- Es hilft, vielen Krankheiten wie Herz-Kreislauf-
  Erkrankungen, hohen Cholesterinwerten oder Dia-
  betes vorzubeugen.
- Es ist reich an Antioxidantien.
- Es ist reich an Vitaminen und Mineralien.
- Es ist reich an Ballaststoffen.
- Es enthält wenig Kalorien.
- Es schmeckt gut!

In Deutschland empfiehlt die deutsche Gesellschaft für
Ernährung (DGE), mindestens 5 Portionen Obst und
Gemüse am Tag zu verzehren – dabei sollte das Gemüse
(3 Portionen) überwiegen. Das ist die erforderliche Menge,
um unseren Bedarf an Mikronährstoffen zu decken, die
unser Organismus nicht selbst herstellen kann. Sie sind
unabdingbar für die richtige Aufnahme und Umwand-
lung der Makronährstoffe (Eiweiße, Kohlenhydrate und
Fette) im Körper.

1 Portion entspricht 80 bis 100 g
eines Lebensmittels, zum Beispiel:

1 mittelgroße Tomate oder
1 Handvoll Kirschtomaten

=

1 Handvoll grüne Bohnen

=

1 Schale Gemüsesuppe

=

1 Apfel

=

2 Aprikosen

=

4–5 Erdbeeren ...

EIN PAAR GOLDENE REGELN, UM GEMÜSE LIEBEN ZU LERNEN

1. VERGESSEN SIE IHRE VORURTEILE

Vom Blumenkohlauflauf aus der Kantine sind Sie noch traumatisiert und seither wollen Sie von diesem Gemüse nichts mehr wissen? Probieren Sie ihn einfach nochmal, aber diesmal bereiten Sie ihn natürlich liebevoll zu: zum Beispiel Knusprig gebackener Blumenkohl (siehe Seite 69) oder als Wings (siehe Seite 66), Sie werden bestimmt überrascht sein!

2. WÄHLEN SIE GUTE PRODUKTE AUS

Wenn Ihr Gemüse allzu langweilig schmeckt, werden Sie wohl keine Lust haben, diese Erfahrung zu wiederholen. Versuchen Sie daher, möglichst nur saisonale Produkte zu verzehren: Im Januar haben Tomaten nun mal keinen ausgeprägten Geschmack. Wann immer Sie können, gehen Sie auf Wochenmärkte oder direkt zu den Erzeugern: Ohne Zwischenhändler ist das Gemüse oft besonders frisch und mit dem richtigen Reifegrad geerntet. Nehmen Sie sich auch die Zeit, die Exemplare gut auszuwählen: Dafür verlassen Sie sich am besten auf Ihre Sinne.

Einige Anhaltspunkte für verzehrreifes Gemüse:

AVOCADOS: sollen fest sein, aber bei leichtem Fingerdruck auf die Schale etwas nachgeben.

RADIESCHEN: sollen fest sein, nicht zu groß (je größer, desto weniger Geschmack) mit schön grünen Blättern.

TOMATEN: sollen richtig rot sein und duften, fest und mit glatter Schale.

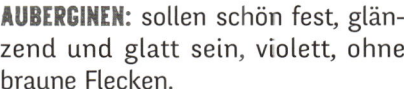 

AUBERGINEN: sollen schön fest, glänzend und glatt sein, violett, ohne braune Flecken.

GURKEN: sollen fest sein, auch an den Enden, mittelgroß, möglichst gerade und mit deutlich grüner Schale.

CHICOREE: soll möglichst weiß sein (grüne Spitzen deuten auf zu viele Bitterstoffe hin), die Blätter an den Spitzen hellgelb und dicht anliegend, fest und knackig.

3. GEHEN SIE NEUE WEGE BEI DER ZUBEREITUNG

Zwiebeln sind nicht nur dazu da, einem Gericht Würze zu verleihen, Zucchini muss man nicht ausschließlich gekocht und in Scheiben geschnitten verzehren, Mais muss nicht aus der Dose kommen ... Sie finden in diesem Buch eine Vielzahl von Rezepten, um Gemüse auch mal anders zuzubereiten.

DIE 5 SPANNENDSTEN ZUBEREITUNGSARTEN FÜR LECKERES GEMÜSE

❶ Tartes, Quiches und Pizzas

❷ Puffer und Bällchen

❸ Teigtaschen

❹ Lasagne, Aufläufe und Crumbles

❺ Gefülltes Gemüse

4. PROBIEREN SIE GÜNSTIGE KOMBINATIONEN AUS

Simpel gekochtes Gemüse als Beilage zu einem Fleischgericht wird Sie wohl kaum überzeugen. Fügen Sie lieber eine besonders leckere Zutat hinzu, um seinen Eigengeschmack hervorzuheben.

Ein paar Ideen für gelungene Kombinationen:

KÄSE:

- Feta (mit mediterranem Gemüse, Süßkartoffeln, Zucchini, Fenchel ...),
- Ziegenkäse (mit Roter Bete, Zucchini, Spinat, mediterranem Gemüse ...),
- Mozzarella (mit Auberginen, Tomaten ...),
- Parmesan (mit Zucchini, mediterranem Gemüse ...) etc.

SAHNE:

mit fast allem!

CHORIZO:

mit mediterranem Gemüse, Mais, Lauch, Schwarzwurzel ...

GERÄUCHERTER LACHS:

mit Lauch, Spinat, Avocado, Spargel ...

EIER:

mit Spinat, mediterranem Gemüse, Kartoffeln ...

HONIG:

mit Mairübchen, Möhren, Süßkartoffeln, Topinambur ...

KOKOSMILCH:

mit mediterranem Gemüse, Süßkartoffeln, Lauch, Möhren, Zucchini, Blumenkohl ...

KRÄUTER:

- Dill (mit Gurken, Tomaten, Knollensellerie, Roter Bete ...),
- Basilikum (mit mediterranem Gemüse ...),
- Koriander (mit Zucchini, Möhren, Mairübchen, Kürbis ...),
- Estragon (mit Spargel, Brokkoli, Spinat ...),
- Petersilie (mit fast allem),
- Oregano (mit Brokkoli, Kohl, Bohnen, Paprika ...),
- Rosmarin (mit Kartoffeln, Tomaten ...),
- Thymian (mit mediterranem Gemüse, Pilzen, Kartoffeln ...) etc.

GEWÜRZE:

- Kreuzkümmel (mit Gurken, Rosenkohl ...),
- Kurkuma (mit Möhren ...),
- Curry (mit Zucchini, Blumenkohl, Auberginen ...),
- Piment d'Espelette (mit mediterranem Gemüse ...),
- Paprika (mit Mais, Artischocken, Kürbis, Kohl ...) etc.

SAISONKALENDER FÜR GEMÜSE

FRÜHLING

APRIL	MAI	JUNI
Chicorée	Blumenkohl	Blumenkohl
Kartoffeln (Lagerware)	Brokkoli	Brokkoli
Lauch	Kartoffeln (Lagerware)	Dicke Bohnen
Spargel	Lauch	Erbsen
Spinat	Mairübchen	Fenchel
	Radieschen	grüne Bohnen
	Spargel	Gurken
	Spinat	Mairübchen
		Möhren
		Radieschen
		Rote Bete
		Rotkohl
		Sellerie
		Spinat

SOMMER

JULI	AUGUST	SEPTEMBER
Artischocken	Artischocken	Artischocken
Auberginen	Auberginen	Auberginen
Blumenkohl	Blumenkohl	Blumenkohl
Brokkoli	Brokkoli	Brokkoli
Dicke Bohnen	Erbsen	Erbsen
Erbsen	Fenchel	Fenchel
Fenchel	grüne Bohnen	grüne Bohnen
grüne Bohnen	Gurken	Gurken
Gurken	Kartoffeln	Kartoffeln
Kartoffeln	Lauch	Kürbis
Lauch	Mairübchen	Lauch
Mangold	Mais	Mairübchen
Möhren	Mangold	Mais
Paprika	Möhren	Mangold
Radieschen	Paprika	Möhren
Rote Bete	Radieschen	Paprika
Rotkohl	Rote Bete	schwarzer Rettich, Radieschen
Sellerie	Rotkohl	Rote Bete
Spinat	Sellerie	Rotkohl
Tomaten	Spinat	Sellerie
Zucchini	Tomaten	Spinat
Zwiebeln (gelbe und weiße)	Weißkohl	Tomaten
	Zucchini	Weißkohl
	Zwiebeln (gelbe und weiße)	Zucchini
		Zwiebeln (gelbe und weiße)

HERBST

OKTOBER	NOVEMBER	DEZEMBER
Blumenkohl	Blumenkohl	Chicorée
Brokkoli	Brokkoli	Kartoffeln (Lagerware)
Chicorée	Chicorée	Knollenziest
Fenchel	Fenchel	schwarzer Rettich
Kartoffeln	Kartoffeln	Rosenkohl
Kürbis	Knollenziest	Steckrüben
Lauch	Kürbis	Topinambur
Mairübchen	Lauch	
Mais	Mairübchen	
Mangold	Möhren	
Möhren	schwarzer Rettich, Radieschen	
schwarzer Rettich, Radieschen	Rosenkohl	
Rosenkohl	Rote Bete	
Rote Bete	Rotkohl	
Rotkohl	Schwarzwurzeln	
Schwarzwurzeln	Sellerie	
Sellerie	Spinat	
Spinat	Steckrüben	
Steckrüben	Topinambur	
Weißkohl	Weißkohl	
Zucchini		
Zwiebeln (gelbe)		

WINTER

JANUAR	FEBRUAR	MÄRZ
Chicorée	Chicorée	Chicorée
Grünkohl	Grünkohl	Kartoffeln (Lagerware)
Kartoffeln (Lagerware)	Kartoffeln (Lagerware)	Lauch
Knollenziest	Knollenziest	Topinambur
Lauch	Lauch	
schwarzer Rettich	schwarzer Rettich	
Rosenkohl	Rosenkohl	
Steckrüben	Steckrüben	
Topinambur	Topinambur	

MACHEN SIE GEMÜSE ZU EINEM FESTEN BESTANDTEIL IHRES ALLTAGS

GUTE GEWOHNHEITEN SCHAFFEN

- Bewahren Sie Gemüse in Sichtweite auf: Wenn Sie es im Gemüsefach Ihres Kühlschranks gern mal vergessen, lagern Sie es auf der mittleren Ebene.

- Probieren Sie zum Aperitif Möhren- oder Selleriesticks, Kirschtomaten ... und genießen Sie sie mit einem Dip aus Kräuterquark mit Zitronensaft.

- Wenn Sie Suppen mögen, beginnen Sie ruhig einmal am Tag Ihre Mahlzeit mit einer Suppe. Es gibt recht gute Fertigsuppen, im Glas, in der Dose o. Ä. oder aus dem Kühl- und Tiefkühlregal (achten Sie auf die Inhaltsstoffe auf dem Etikett).

- Wenn Sie keine Zeit zum Kochen haben, greifen Sie ruhig mal zu tiefgekühlten Gemüsepfannen.

- Probieren Sie's mit Batch Cooking. Dabei bereitet man am Wochenende die Mahlzeiten für die kommende Woche zu: So hat man seine Menüs besser vor Augen und kann den Gemüseverzehr gleichmäßig auf die ganze Woche verteilen.

- Wenn Sie gerade mal ein bisschen Zeit erübrigen können, schälen und schneiden Sie doch Gemüse (Möhren, Paprika, Zucchini, grüne Bohnen, Blumenkohl ...) und frieren Sie es ein. An Tagen mit wenig Zeit müssen Sie es dann nur noch in der Pfanne erhitzen.

GANZ EINFACHE, ABER SUPER LECKERE REZEPTE

GUACAMOLE

Avocado und Zitronensaft, mexikanische Gewürze, in dünne Ringe geschnittene rote Zwiebel und eventuell Kirschtomaten in Stücken mit der Gabel zerdrücken bzw. vermischen. Mit Tortillachips, Gemüsesticks oder auf geröstetem Brot servieren.

MÖHREN AUF MAROKKANISCHE ART

Möhren waschen, schälen, in Scheiben schneiden und in kochendem Wasser etwa 15 Minuten garen. Abtropfen lassen, mit einem Schuss Olivenöl, Kreuzkümmel, Zitronensaft und gehacktem Knoblauch ein paar Minuten in der Pfanne anbraten.

TOMATEN À LA PROVENÇALE

Tomaten halbieren und in der Pfanne mit der Schnittfläche nach unten mit einem Schuss Olivenöl anbraten. Wenden, mit gehacktem Knoblauch, Kräutern der Provence, Salz und Pfeffer bestreuen, bei niedriger Hitze weiterbraten, bis sie gar sind (Tomatenconfit).

GEBACKENE PAPRIKA

Paprikaschoten halbieren, Kerne entfernen, waschen, innen salzen und pfeffern und mit Käse (geriebenem Gruyère, Ziegenkäesescheiben ...) füllen. Den Backofen auf 200 °C (Umluft 180 °C) vorheizen und 25–30 Minuten backen.

SPINATWAFFELN

Einen herzhaften Waffelteig zubereiten, den gehackten (und abgetropften, falls TK-Ware) Spinat und geriebenen Comté unterrühren. In einem Waffeleisen ausbacken.

GESCHMORTE ZWIEBELN

Zwiebeln schälen, halbieren und mit der Schnittfläche nach unten in eine ofenfeste Form setzen. Mit einem Schuss Olivenöl beträufeln, salzen und pfeffern. Den Backofen auf 180 °C (Umluft 160 °C) vorheizen, Zwiebeln 1 Stunde garen, nach der Hälfte der Garzeit wenden.

AUBERGINENCONFIT

Auberginen längs halbieren und das Fruchtfleisch mit dem Messer gitterartig einritzen. Mit einem Schuss Olivenöl beträufeln, mit Kräutern der Provence bestreuen, salzen und pfeffern. Den Backofen auf 200 °C (Umluft 180 °C) vorheizen. Auberginen 30 Minuten butterweich garen.

CREMIGER LAUCH (>>LAUCH-FONDUE<<)

Lauchstangen in Stücke schneiden und mit Butter in der Pfanne etwa 30 Minuten zugedeckt bei niedriger Hitze dünsten. Zitronensaft, Sahne, Salz und Pfeffer dazugeben.

KEINE ZEIT?
4 TIPPS FÜR
SCHNELLES GEMÜSE

❶ Nehmen Sie Gemüsesorten, die sich rasch zubereiten oder roh genießen lassen: Brokkoli, Möhre, Blumenkohl, Gurke, Zucchini, Chicorée, Paprika, Tomate ...

❷ Schälen Sie Zucchini, Kartoffeln, Butternut-Kürbisse, Gurken etc. nicht. In diesem Fall achten Sie auf Bio-Qualität, damit sie möglichst wenig Schadstoffe enthalten.

❸ Kochen Sie Gemüse al dente, so bleiben sein Aroma, seine Farbe und seine Vitamine besser erhalten.

❹ Braten Sie Gemüse im Wok oder in der Pfanne (5–10 Minuten) oder blanchieren Sie es im Dampfgarer (3–4 Minuten).

WIE MACHEN SIE IHREN KINDERN GEMÜSE SCHMACKHAFT?

Verziehen Ihre Kinder das Gesicht, sobald sich etwas Grünes auf ihren Teller verirrt hat? Haben sie plötzlich keinen Hunger mehr, wenn Pflanzliches auf dem Speiseplan steht? Hier folgen ein paar Strategien, um die Kids dazu zu bewegen, Gemüse zu essen oder es sogar zu mögen!

1. LASSEN SIE SIE AKTIV TEILHABEN

Nehmen Sie Ihre Kinder zum Einkaufen mit, am besten auf den Markt: So können sie sehen, wie Gemüse im Originalzustand aussieht, bevor es gekocht wird, und all die Formen und Farben könnten ihre Neugier wecken. Lassen Sie die Kids auch bei der Zubereitung der Mahlzeiten mitmachen, dann werden sie eher Lust haben, zu probieren, was sie mit eingekauft und zubereitet haben.

2. SCHMUGGELN SIE KLEINE MENGEN EIN

Auch wenn viele Kinder ein Gericht mit dampfgegartem Gemüse eher verschmähen, werden sie wohl nicht murren, wenn sie ein paar gebratene Champignonscheiben in ihren Nudeln mit Sahnesauce oder kleine Paprikawürfel in einer Quiche finden.

3. NUTZEN SIE GESCHMACKLICHE VORLIEBEN

Am Anfang sollten Sie besser keine Gemüsesorten mit sehr ausgeprägtem Geschmack anbieten (schwarzen Rettich, manche Pilze, Fenchel ...); überdecken Sie deren Geschmack ruhig etwas, wenn Ihr Kind das nicht mag: Geben Sie eine Portion Schmelzkäse (z. B. Kiri®) in eine Zucchinisuppe, Paprika und Zwiebeln in eine Tomatensauce, Gruyère auf einen Gemüseauflauf ...

4. WERDEN SIE EIN*E MEISTER*IN DER TARNUNG

Nichts zu machen, Gemüse geht nicht? Dann bleibt Ihnen nichts anderes übrig, als Ihre Fantasie spielen zu lassen: Verstecken Sie Zucchini-Tagliatelle in den Nudeln, fügen Sie etwas Möhren oder Sellerie in ein Kartoffelpüree, bereiten Sie Gemüsesaucen zu ... Wenn Ihre Kinder

nicht identifizieren können und wollen, was sie da auf dem Teller haben, haben Sie gewonnen.

5. RICHTEN SIE DAS GANZE NETT AN, DAS AUGE ISST MIT

Ein Berg weich gekochtes Gemüse kann abschreckend wirken: Stellen Sie lieber einen hübschen bunten Teller aus verschiedenen Speisen zusammen. Falls Sie Zeit haben, gestalten Sie beispielsweise eine Landschaft oder ein Tier.

6. SCHLAGEN SIE IHNEN VOR, MIT DEN FINGERN ZU ESSEN

Machen Sie das Probieren zu einem spielerischen Vergnügen, das erleichtert den Zugang.

HINWEIS ZU DEN REZEPTEN:

Bevor Sie loslegen, lesen Sie das ganze Rezept einmal durch, und bereiten Sie alles vor, was Sie brauchen.

Bitte putzen, waschen und bei Bedarf schälen Sie das Gemüse vor der Verwendung gründlich.

Die verwendeten Eier sind Größe M – braucht man größere oder kleinere Eier, ist das jeweils im Rezept angegeben.

UNSER TÄGLICHES GEMÜSE –
DIE BEKANNTEN

Tomaten, Zucchini, Möhren, Kartoffeln ...

Diese Gemüsesorten gehören bei uns zu den beliebtesten und am meisten verzehrten, doch mitunter ist es gar nicht so einfach, neue Zubereitungsarten zu finden, damit sie einem nicht langweilig werden ... Entdecken Sie mit diesen Rezepten, wie man sie auch mal anders genießen kann.

FLAN MIT TOMATEN,
SCHWARZEN OLIVEN UND BASILIKUM

GEFÜLLTE TOMATEN
A LA »ŒUFS COCOTTE«

TOMATEN

BRUSCHETTA
MIT GEBACKENEN KIRSCH-
TOMATEN UND MOZZARELLA

**TOMATEN-MOZZARELLA-
AUFLAUF**
MIT CHORIZO

REZEPT NR. 1

GEFÜLLTE TOMATEN
À LA »ŒUFS COCOTTE«

—

FÜR **4** FORTIONEN
ZEITBEDARF: **10** MIN.
15 MIN. BACKEN

1. Den Backofen auf 180 °C (Umluft 160 °C) vorheizen. Von den Tomaten einen Hut abschneiden und das Fruchtfleisch vorsichtig herauslösen (aufbewahren, daraus lässt sich eine Tomatensauce zubereiten). Die Tomaten innen salzen und pfeffern, etwas Basilikum dazugeben. Die Eier einzeln aufschlagen. Ein Ei in jede Tomate gleiten lassen, ohne dabei das Eigelb zu verletzen, mit Paprika bestreuen.

2. Im Backofen etwa 15 Minuten backen, das Eiweiß soll fest und das Eigelb noch flüssig sein.

- 4 große Tomaten
- Salz, Pfeffer
- 1 EL fein gehacktes Basilikum
- 4 Eier
- 1 TL Paprikapulver

FÜR GENIESSER*INNEN: Geben Sie in jede Tomate eine Portion Schmelzkäse.

....

REZEPT NR. 2

BRUSCHETTA
MIT KIRSCHTOMATEN UND MOZZARELLA

—

FÜR **4** PORTIONEN
ZEITBEDARF: **10** MIN.
30 MIN. BACKEN

1. Den Backofen auf 180 °C (Umluft 160 °C) vorheizen. Die Kirschtomaten auf ein mit Backpapier ausgelegtes Backblech legen. Mit Olivenöl beträufeln, mit Oregano bestreuen und im Ofen 20 Minuten backen.

2. Die Brotscheiben 5 Minuten unter dem Grill des Backofens leicht goldbraun rösten. Die ganze Fläche der Brotscheiben mit Knoblauch einreiben.

3. Die gebackenen Tomaten und den Mozzarella auf den Brotscheiben verteilen und unter dem Grill des Backofens nochmals 5 Minuten rösten, bis der Käse geschmolzen ist. Etwas Balsamico-Essig und Fleur de sel darübergeben und sofort servieren.

- 250 g Kirschtomaten
- 1 TL Olivenöl
- 1 TL Oregano
- 8 Scheiben Bauernbrot
- 2 Knoblauchzehen, halbiert
- 1 Kugel Büffelmozzarella, in Stücke geschnitten
- 1 TL Balsamico-Essig
- Fleur de sel

REZEPT NR. 3

FLAN MIT TOMATEN,
SCHWARZEN OLIVEN UND BASILIKUM
—

FÜR **4** PORTIONEN
ZEITBEDARF: **15** MIN.
45–50 MIN. BRATEN +
BACKEN
2 STD. KÜHLEN

• 600 g reife
  Tomaten, in Würfel
  geschnitten
• 1 TL Olivenöl
• 3 Eier
• 10 entsteinte
  schwarze Oliven,
  in Scheiben
  geschnitten
• etwas fein ge-
  hacktes Basilikum
• Salz, Pfeffer

1. Die Tomatenwürfel in einer hohen Pfanne mit dem Olivenöl
20 Minuten anbraten. Anschließend pürieren. Den Backofen
auf 180 °C (Umluft 160 °C) vorheizen.

2. Die Eier in einer Schüssel verquirlen, das Tomatenpüree
dazugeben und gut verrühren. Die Oliven untermischen, das
gehackte Basilikum hinzugeben, salzen und pfeffern. In eine
kleine Gratinform geben und im Ofen 25–30 Minuten backen.

3. Abkühlen lassen und bis zum Servieren mindestens 2 Stunden in den Kühlschrank stellen.

REZEPT NR. 4

TOMATEN-MOZZARELLA-
AUFLAUF MIT CHORIZO
—

FÜR **4** PORTIONEN
ZEITBEDARF: **10** MIN.
20–25 MIN. BACKEN

• je 2 Ochsenherz-
  tomaten und
  schwarz-rote
  Fleischtomaten,
  in Scheiben
  geschnitten
• 2 Kugeln Büffel-
  mozzarella,
  in Scheiben
  geschnitten
• 16 dünne Scheiben
  Chorizo
• 1 TL Olivenöl
• Kräuter der
  Provence
• Salz, Pfeffer

1. Den Backofen auf 200 °C (Umluft 180 °C) vorheizen. Nacheinander die Tomaten-, Mozzarella- und Chorizoscheiben auf-
recht in eine Gratinform schichten. Mit Olivenöl beträufeln,
mit Kräutern der Provence bestreuen, salzen und pfeffern.

2. Das Gemüse im Ofen 20–25 Minuten backen.

KARTOFFELAUFLAUF
MIT KÄSE

KARTOFFELN

GEFÜLLTE KARTOFFELNESTER
MIT EI UND SPECK

GEFÜLLTE KARTOFFELKROKETTEN

FÄCHERKARTOFFELN
MIT CHEDDAR UND BACON

REZEPT NR. 1

KARTOFFELAUFLAUF
MIT KÄSE

—

FÜR **4** PORTIONEN
ZEITBEDARF: **10** MIN.
45 MIN. BACKEN

—

- 300 g Raclettekäse in Scheiben
- 8 Scheiben roher Schinken
- 500 g Kartoffeln, in dünne Scheiben geschnitten
- 100 g Sahne
- Salz, Pfeffer

1. Den Backofen auf 200 °C (Umluft 180 °C) vorheizen. Die Käsescheiben halbieren und den Schinken in möglichst gleich große Stücke schneiden.

2. Nacheinander Käse-, Schinken- und Kartoffelscheiben in eine Auflaufform schichten. Sahne darübergießen, salzen und pfeffern. Im Ofen etwa 45 Minuten backen, bis die Kartoffeln weich sind.

GEFÜLLTE
KARTOFFELKROKETTEN

—

FÜR **4** PORTIONEN
ZEITBEDARF: **30** MIN.
45–50 MIN. IM OFEN BACKEN ODER **40** MIN. FRITTIEREN

—

- 1 kg mehligkochende Kartoffeln
- 1 kleines Glas warme Milch
- 1 Prise Muskatnuss
- Salz, Pfeffer
- etwas Mehl zum Panieren
- 2 Eier, verquirlt, zum Panieren
- etwas Paniermehl

FÜR DIE FÜLLUNG:
- 1 Zwiebel, geschält
- 1 Möhre, geschält
- 1 TL Olivenöl
- 400 g Hackfleisch
- 1 EL fein gehackte Petersilie
- 1 EL frisch geriebener Parmesan
- 1 Ei

1. Die Kartoffeln schälen, in große Stücke schneiden und in Salzwasser etwa 20 Minuten weich kochen und abgießen. Durch die Kartoffelpresse drücken. Unter Rühren nach und nach die warme Milch, Muskatnuss, Salz und Pfeffer dazugeben und abkühlen lassen.

2. Für die Füllung Zwiebel und Möhre grob pürieren. In einer hohen Pfanne 5 Minuten im Öl anbraten. In einer Schüssel Fleisch, Gemüse, Petersilie, Parmesan, Salz und Pfeffer vermengen. Das Ei unterziehen. Mit angefeuchteten Händen walnussgroße Bällchen formen.

3. Etwas Olivenöl in einer Pfanne auf 180 °C erhitzen (Kroketten bedecken). Aus der Kartoffelmasse eine Esslöffelgroße Portion ausstechen, etwas flach drücken und in die Mitte ein Fleischbällchen legen, mit Kartoffelmasse verschließen und zu einer Krokette rollen. Arbeitsschritte wiederholen, bis die Zutaten aufgebraucht sind. Die Kroketten in Mehl, verquirlten Eiern, dann im Paniermehl wenden. Ins heiße Öl geben und goldbraun frittieren.

REZEPT NR. 3

GEFÜLLTE KARTOFFELNESTER
MIT EI UND SPECK

—

FÜR **4** PORTIONEN
ZEITBEDARF: **15** MIN.
30–32 MIN. BACKEN

—

- 400 g mehligkochende Kartoffeln
- 100 g frisch geriebener Gruyère
- 9 Eier (Größe S)
- 1 EL Mehl
- 1 EL fein gehackte Petersilie
- Salz, Pfeffer
- 100 g Speckwürfel

1. Den Backofen auf 180 °C Umluft vorheizen. Die Kartoffeln schälen und reiben. Überschüssiges Wasser sanft ausdrücken. Kartoffeln in einer Schüssel mit geriebenem Käse, 1 Ei, Mehl, Petersilie, Salz und Pfeffer vermengen.

2. Die Masse in Form von Nestern in 8 gefettete Muffinförmchen füllen: Boden und Wände der Förmchen damit auskleiden, nicht zu fest andrücken. Die Nester im Ofen etwa 20 Minuten goldbraun backen.

3. Unterdessen die Speckwürfel in einer Pfanne 5 Minuten anschwitzen. Auf die Nester verteilen, in jedes Nest ein Ei aufschlagen (falls Sie größere Eier verwenden, nicht das ganze Eiweiß hineingeben). Weitere 10–20 Minuten im Ofen backen, bis das Eiweiß gestockt ist.

REZEPT NR. 4

FÄCHERKARTOFFELN
MIT CHEDDAR UND BACON

—

FÜR **4** PORTIONEN
ZEITBEDARF: **10** MIN.
40–45 MIN. BACKEN

—

- 4 festkochende Kartoffeln
- 8 Scheiben Bacon
- 8 Scheiben Cheddar
- Salz, Pfeffer

- 1 TL Olivenöl
- einige Blätter Petersilie, fein gehackt

1. Den Backofen auf 180 °C (Umluft 160 °C) vorheizen. Die Kartoffeln mit einem scharfen Messer fächerförmig einschneiden; darauf achten, dass sie nicht ganz durchgeschnitten werden. Die Baconscheiben vierteln und den Cheddar in gleich große Stücke schneiden.

2. In jeden Einschnitt der Kartoffeln abwechselnd ein Stück Bacon und Cheddar stecken. Die Kartoffeln auf ein mit Backpapier ausgelegtes Backblech setzen. Salzen, pfeffern, mit etwas Olivenöl bepinseln und mit gehackter Petersilie bestreuen. Im Ofen 40–45 Minuten backen.

PAPRIKA-QUICHE
MIT ZIEGENKÄSE

SHAKSHUKA
MIT PAPRIKASCHOTEN UND EIERN

PAPRIKASCHOTEN

GEFÜLLTE PAPRIKA
MIT KIDNEYBOHNEN

HÄHNCHEN-LASAGNE
AUF BASKISCHE ART

REZEPT NR. 1

SHAKSHUKA
MIT PAPRIKASCHOTEN UND EIERN

—

FÜR **4** PORTIONEN
ZEITBEDARF: **15** MIN.
25 MIN. KOCHEN + BRATEN

—

- 1 TL Kreuzkümmelsamen
- 1 TL Paprikapulver
- 1 EL Olivenöl
- 1 Zwiebel, gehackt
- 2 Knoblauchzehen, gehackt
- je 1 rote, gelbe und grüne Paprikaschote, in schmale Streifen geschnitten
- 400 g stückige Tomaten (Dose)
- 1–2 TL Harissa
- Salz, Pfeffer
- 4 Eier
- 1–2 EL Koriandergrün (oder glatte Petersilie), fein gehackt

1. Eine große (idealerweise gusseiserne) hohe Pfanne mit dickem Boden erhitzen, darin Kreuzkümmelsamen und Paprikapulver unter ständigem Rühren 1 Minute anbraten. Öl, Zwiebel und Knoblauch dazugeben und 2–3 Minuten anbraten. Paprikaschoten hinzufügen und weitere 5 Minuten dünsten. Zum Schluss Tomaten, 250 ml Wasser, Harissa, Salz und Pfeffer dazugeben. Aufkochen und bei schwacher Hitze 5 Minuten köcheln lassen.

2. In die Shakshuka-Masse 4 kleine Mulden drücken, die Eier aufschlagen und hineingleiten lassen. Weitergaren, bis das Eiweiß gestockt ist.

3. Mit den fein gehackten Kräutern bestreuen und servieren.

PAPRIKA-QUICHE
MIT ZIEGENKÄSE

FÜR **6** PORTIONEN
ZEITBEDARF: **30** MIN.
40 MIN. BRATEN + BACKEN
1 STD. KÜHLEN

—

- 3 kleine Paprikaschoten, in Streifen geschnitten
- 1 EL Olivenöl
- 150 g Ziegenweichkäse (z. B. »bûche de chèvre«)
- 3 Eier
- 250 g Schlagsahne
- Salz, Pfeffer

- 1 TL Kräuter der Provence

FÜR DEN MÜRBETEIG:
- 250 g Mehl
- 125 g weiche Butter, in kleine Würfel geschnitten
- 1 Eigelb

1. Für den Teig das Mehl aufhäufen, 1 Prise Salz und die Butter dazugeben. Mit den Fingerspitzen zu einer krümeligen Konsistenz verarbeiten. Eine Mulde hineindrücken, das mit 50 ml Wasser verquirlte Eigelb untermischen und rasch mit der Hand verkneten. Eine Kugel formen. 1 Stunde kühl stellen. Den Teig auf einer bemehlten Arbeitsfläche ausrollen und eine Quiche- oder Tarteform damit auslegen. Kühl stellen.

2. Für die Füllung die Paprikaschoten im Olivenöl etwa 10 Minuten anbraten. Ein paar Scheiben Ziegenweichkäse abschneiden, den Rest in kleine Stücke schneiden. In einer Schüssel die Eier verquirlen. Sahne, Salz und Pfeffer hinzugeben und gut verrühren.

3. Den Backofen auf 180 °C (Umluft 160 °C) vorheizen. Den Boden der Quiche mit Paprika und Ziegenkäsestücken belegen und die Eiersahne darübergeben. Die Ziegenkäsescheiben darauf verteilen und mit Kräutern der Provence bestreuen. Im Ofen etwa 30 Minuten backen.

GEFÜLLTE PAPRIKA
MIT KIDNEYBOHNEN
—

FÜR **4** PORTIONEN
ZEITBEDARF: **15** MIN.
1 STD. BRATEN + BACKEN
—

- 1 TL Olivenöl
- 1 Zwiebel, in dünne Ringe geschnitten
- 200 g Rinderhackfleisch
- 400 g stückige Tomaten (Dose)
- 80 g Mais (Dose), abgetropft
- 80 g gekochte

- Kidneybohnen (Dose), abgetropft
- 1 TL Oregano
- 1 TL Kreuzkümmel
- Salz, Pfeffer
- 4 Paprikaschoten (in verschiedenen Farben)
- 70 g frisch geriebener Cheddar

1. Den Backofen auf 180 °C (Umluft 160 °C) vorheizen. Das Olivenöl in einer hohen Pfanne erhitzen und die Zwiebel ein paar Minuten anbraten. Das Fleisch hinzugeben und bräunen. Stückige Tomaten, Mais und Kidneybohnen, Oregano, Kreuzkümmel, Salz und Pfeffer dazugeben, bei niedriger Hitze noch 10 Minuten weitergaren.

2. Von den Paprikaschoten einen Hut abschneiden, Samen und Scheidewände entfernen. Mit der Masse füllen, mit geriebenem Cheddar bestreuen, den Hut wieder aufsetzen und im Ofen 45 Minuten backen.

HÄHNCHEN-LASAGNE
AUF BASKISCHE ART

—

FÜR **4** PORTIONEN
ZEITBEDARF: **20** MIN.
50 MIN. BRATEN + BACKEN

—

- 1 TL Olivenöl
- 500 g Hähnchenbrustfilet, in Würfel geschnitten
- je 1 grüne und rote Paprikaschote, in schmale Streifen geschnitten
- 2 Tomaten, klein geschnitten
- Salz, Pfeffer
- 600 ml passierte Tomaten (Tomatenpüree)
- 12 Lasagneplatten
- 1 Kugel Mozzarella, in Scheiben geschnitten
- 70 g frisch geriebener Gruyère

1. Das Olivenöl in einer großen Pfanne erhitzen. Das Hähnchenfleisch und die Paprikaschoten dazugeben und ein paar Minuten anbraten, bis das Fleisch weiß ist. Gegen Ende der Garzeit die Tomaten hinzufügen. Salzen und pfeffern.

2. Den Backofen auf 180 °C (Umluft 160 °C) vorheizen. In eine große ofenfeste Form etwas Tomatenpüree geben, dann eine Schicht Lasagneplatten, darüber reichlich Tomatenpüree und ein Drittel des gebratenen Hähnchenfleischs. Den Arbeitsschritt noch 2-mal wiederholen und mit einer Schicht Lasagneplatten, bedeckt mit Tomatenpüree und Mozzarella, abschließen. Mit geriebenem Gruyère bestreuen. Im Ofen etwa 40 Minuten backen.

ZUCCHINI-CRUMBLE
MIT PARMESAN

KNUSPRIGE ZUCCHINIPUFFER
MIT JOGHURTSAUCE

ZUCCHINI

ZUCCHINI-BÄLLCHEN
IN CURRYSAUCE

GEFÜLLTE ZUCCHINI
AUS DEM OFEN

REZEPT NR. 1

KNUSPRIGE ZUCCHINIPUFFER
MIT JOGHURTSAUCE

—

FÜR **4** PORTIONEN
ZEITBEDARF: **20** MIN.
20 MIN. FRITTIEREN
30 MIN. RUHEN LASSEN

—

- 2 Zucchini, in dünne Scheiben geschnitten
- 1 Handvoll grobes Salz

FÜR DEN TEIG:
- 1 Ei
- 125 g Mehl
- 1 EL Olivenöl

- Salz
- Öl zum Frittieren

FÜR DIE SAUCE:
- 125 g Naturjoghurt
- 2 EL fein gehacktes Basilikum
- Salz, Pfeffer

1. Die Zucchinischeiben mit dem groben Salz in ein Sieb geben. Mindestens 30 Minuten Wasser ziehen lassen.

2. In der Zwischenzeit den Teig zubereiten. Das Ei trennen. Mehl in eine Schüssel geben, eine Mulde hineindrücken, Eigelb, Olivenöl und etwas Salz hinzufügen. Nach und nach 120 ml Wasser zugießen und verrühren. 20 Minuten ruhen lassen.

3. Die entwässerten Zucchini kurz unter kaltem Wasser abspülen und mit Küchenpapier trocken tupfen.

4. Das Eiweiß steif schlagen und vorsichtig unter den Teig heben. Frittieröl in einem hohen Kochtopf auf 180 °C erhitzen. Die Zucchini nacheinander mit einer Gabel aufspießen, in den Teig tauchen und ganz damit überziehen, dann ins heiße Öl geben. 3–4 Minuten aufgehen lassen und leicht goldbraun backen.

5. Die Sauce zubereiten: Alle Zutaten verrühren. Mit den Zucchinipuffern servieren.

REZEPT NR. 2

ZUCCHINI-CRUMBLE
MIT PARMESAN

—

FÜR **4** PORTIONEN
ZEITBEDARF: **10** MIN.
35 MIN. BRATEN + BACKEN

—

- 1 TL Olivenöl
- 2 Zucchini, in Würfel geschnitten
- Salz, Pfeffer
- 50 g Mehl

- 60 g frisch geriebener Parmesan
- 50 g weiche, leicht gesalzene Butter in kleinen Stücken

1. Den Backofen auf 180 °C (Umluft 160 °C) vorheizen. In einer leicht gefetteten Pfanne die Zucchiniwürfel mit etwas Salz und Pfeffer 10 Minuten anbraten.

2. Unterdessen die Streuselmasse zubereiten. Mehl und Parmesan vermengen, die weiche Butter mit den Fingerspitzen untermischen und zu Streuseln verarbeiten.

3. Angebratene Zucchini in 4 kleine Auflaufformen schichten, mit der Streuselmasse bedecken. Den Crumble im Ofen etwa 25 Minuten backen, bis die Streusel golden sind.

REZEPT NR. 3

ZUCCHINI-BÄLLCHEN
IN CURRYSAUCE

—

FÜR **4** PORTIONEN
ZEITBEDARF: **15** MIN.
25–**30** MIN. KOCHEN + BACKEN

—

- 1 Zwiebel, in dünne Ringe geschnitten
- 1 TL Currypulver
- 1 EL Olivenöl
- 1 Zucchini, grob gerieben
- 80 g Haferflocken
- 30 g frisch geriebener Parmesan
- einige Basilikumblätter, fein gehackt

- Salz, Pfeffer
- 2 Eier

FÜR DIE SAUCE:
- 10 g Butter
- 3 TL Currypulver
- 150 g Crème fraîche
- 1 EL Senf

1. Die Zwiebel mit dem Currypulver in einer leicht gefetteten Pfanne glasig anbraten. Beiseite stellen.

2. Den Backofen auf 180 °C (Umluft 160 °C) vorheizen. In einer Schüssel geriebene Zucchini, Zwiebel, Haferflocken, Parmesan, Basilikum, etwas Salz und Pfeffer vermischen. Die Eier verquirlen, zu der Masse hinzugeben, alles gut verrühren. Mit leicht angefeuchteten Händen Bällchen formen und auf ein mit Backpapier ausgelegtes Backblech setzen. Im Ofen 20–25 Minuten goldbraun backen.

3. Unterdessen die Sauce zubereiten. Die Butter in einem Topf zerlassen, die restlichen Zutaten dazugeben, salzen, pfeffern und 5 Minuten bei niedriger Hitze erwärmen.

4. Die Bällchen in der Currysauce servieren.

REZEPT NR. 4

GEFÜLLTE ZUCCHINI
AUS DEM OFEN

—

FÜR **4** PORTIONEN
ZEITBEDARF: **10** MIN.
30 MIN. BACKEN

—

- 4 Zucchini
- 200 ml passierte Tomaten (Tomatenpüree)
- 2 Scheiben Kochschinken, in schmale Streifen geschnitten
- 80 g frisch geriebener Gruyère oder Mozzarella
- Salz, Pfeffer
- 1 TL Oregano

1. Den Backofen auf 180 °C (Umluft 160 °C) vorheizen. Die Zucchini längs halbieren, mit einem Löffel die Kerne herausschaben. Die ungefüllten Zucchinihälften in eine gefettete Auflaufform setzen und im Ofen 10 Minuten vorgaren.

2. Sobald die Zucchini gar sind, jede Hälfte mit etwas Tomatenpüree, Schinken, Käse, Salz, Pfeffer füllen und mit Oregano bestreuen. Im Ofen 20 Minuten backen.

VARIANTEN: Ersetzen Sie den Schinken durch Bacon oder Chorizo oder fügen Sie schwarze Oliven hinzu.

CARROT
CAKE

MÖHREN-
SOUFFLÉ

MÖHREN

MÖHREN-FLAN
MIT RICOTTA

MÖHREN-GNOCCHI
MIT MÖHRENGRÜN-PESTO

MÖHREN-SOUFFLÉ

FÜR **4** PORTIONEN
ZEITBEDARF: **20** MIN.
50 MIN. KOCHEN + BACKEN

—

- 400 g Möhren, in Scheiben geschnitten
- 4 Eier
- 40 g Butter + Butter für die Förmchen
- 40 g Mehl
- 250 ml Milch
- 1 TL Kreuzkümmel
- Salz, Pfeffer

1. Die Möhren in einem Topf mit siedendem Salzwasser etwa 20 Minuten weich garen. Abgießen und pürieren. Eier trennen und die Eigelbe unter das Püree rühren.

2. Unterdessen in einem Stieltopf die Butter zerlassen, das Mehl hinzufügen und unter Rühren 2 Minuten anschwitzen. Nach und nach die Milch zugießen und eindicken lassen, dabei mit dem Schneebesen weiterrühren. Vom Herd nehmen, Kreuzkümmel, Salz und Pfeffer hinzufügen. Diese Béchamelsauce zur Möhrenmasse geben. Das Eiweiß steif schlagen und vorsichtig unterheben.

3. Den Backofen auf 200 °C (Umluft 180 °C) vorheizen. 4 ofenfeste Souffléförmchen von unten nach oben mit Butter auspinseln (so können die Soufflés besser aufgehen) und die Masse darin verteilen. Im Ofen etwa 30 Minuten backen. Aus dem Ofen nehmen und sofort servieren.

CARROT CAKE

—

FÜR **6–8** PORTIONEN
ZEITBEDARF: **20** MIN.
45–50 MIN. BACKEN

—

- 100 g Walnüsse
- 3 Eier
- 150 g brauner Zucker
- 100 ml neutrales Öl
- 200 g Mehl
- ½ Päckchen Backpulver
- 1–2 TL Zimt

- 250 g Möhren, fein geraspelt
- 1 TL Butter für die Form

FÜR DIE GLASUR:
- 100 g Frischkäse
- 100 g Puderzucker

1. Den Backofen auf 180 °C (Umluft 160 °C) vorheizen. Die Walnüsse grob hacken (ein paar zum Garnieren beiseite stellen).

2. In einer Schüssel Eier und Zucker cremig schlagen, das Öl hinzugeben. Mehl, Backpulver und Zimt unterheben, mit den Quirlen des Handrührgeräts gut verrühren, die geriebenen Möhren und gehackten Walnüsse unterrühren. Die Masse in eine gefettete Kastenform füllen und im Ofen 45–50 Minuten backen. Den Kuchen vollständig abkühlen lassen, erst dann aus der Form lösen.

3. Die Glasur zubereiten. Den Frischkäse mit dem Puderzucker verrühren. Den Carrot Cake mit der Glasur überziehen und mit den beiseite gestellten Walnüssen garnieren.

MÖHREN-FLAN
MIT RICOTTA

—

FÜR **6** PORTIONEN
ZEITBEDARF: **15** MIN.
55 MIN. BIS **1** STD. KOCHEN + GAREN

—

- 6 Möhren, in Scheiben geschnitten
- 150 g Ricotta ~~Frischkäse~~
- 5 Eier
- 40 g Maisstärke
- 80 g frisch geriebener Gruyère
- 1 TL Kreuzkümmel
- Salz, Pfeffer

1. Die Möhren in einem Topf mit kochendem Salzwasser etwa 20 Minuten weich garen. Abgießen und pürieren.

2. Den Backofen auf 180 °C (Umluft 160 °C) vorheizen. Das Möhrenpüree mit dem Ricotta verrühren, die verquirlten Eier und die Stärke unterrühren. Gruyère und Kreuzkümmel hinzugeben, salzen und pfeffern.

3. Die Masse in eine Kastenform füllen und im Ofen 35–40 Minuten garen.

MÖHREN-GNOCCHI
MIT MÖHRENGRÜN-PESTO

—

FÜR **4** PORTIONEN
ZEITBEDARF: **30** MIN.
20 MIN. KOCHEN

—

- 250 g Möhren, in Stücke geschnitten
- 400 g mehligkochende Kartoffeln (z. B. Typ Bintje), geschält und in Stücke geschnitten
- 1 Eigelb
- Salz, Pfeffer
- 120 g Mehl + Mehl für die Arbeitsfläche

FÜR DAS PESTO:
- 50 g Möhrengrün
- 2 Knoblauchzehen
- 50 g Parmesan + Parmesan zum Servieren
- Saft von ½ Zitrone
- 40 g Pinienkerne
- 50 ml Olivenöl

1. Möhren und Kartoffeln dampfgaren. Mit dem Stabmixer pürieren. Umrühren und abkühlen lassen. Eigelb und Salz unterrühren, das Mehl nach und nach zugeben und zu einem homogenen Teig verarbeiten.

2. In einem großen Topf Salzwasser zum Kochen bringen. Auf einer bemehlten Arbeitsfläche aus dem Gnocchi-Teig 3 etwa 1,5 cm dicke Rollen formen. 1,5 cm breite Stücke davon abschneiden und in diese mit einer Gabel Rillen eindrücken. Die Gnocchi in kochendem Wasser garen. Sobald sie an die Oberfläche treiben, mit einem Schaumlöffel herausnehmen.

3. Das Pesto zubereiten. Die Stiele des Möhrengrüns abschneiden und das Grün und grob hacken. Mit Knoblauch, Parmesan, Zitronensaft und Pinienkernen im Mixer pürieren. Pfeffern, Öl hinzugeben, alles zu einer homogenen Paste pürieren.

4. Die Gnocchi mit Pesto überziehen, mit Parmesan bestreuen und servieren.

CAPONATA

AUBERGINEN-
CANNELLONI

AUBERGINEN

AUBERGINEN
MIT HACKFLEISCH-FETA-FÜLLUNG

AUBERGINEN-CURRY
MIT KOKOSMILCH

CAPONATA

FÜR **4** PORTIONEN
ZEITBEDARF: **15** MIN.
30 MIN. KOCHEN + BRATEN
EINIGE STUNDEN KÜHLEN

—

- 2 Stangen Staudensellerie
- 2 EL Olivenöl
- 2 Auberginen, in kleine Würfel geschnitten
- 4 Tomaten
- 2 Knoblauchzehen, gehackt
- 80 g schwarze Oliven ohne Stein
- 1 EL Kapern
- 2 EL Rosinen
- 1 EL Pinienkerne
- einige Basilikumblätter, fein gehackt
- 2 EL Rotweinessig
- Salz, Pfeffer

1. Den Sellerie in kleine Stücke schneiden, die Blätter fein hacken.

2. 1 EL Olivenöl in einer großen, hohen Pfanne erhitzen und die Auberginenwürfel goldbraun anbraten. Beiseite stellen.

3. Unterdessen die Tomaten in Stücke schneiden. 1 EL Öl in dieselbe Pfanne geben und den Sellerie mit dem Knoblauch darin anbraten. Sobald er Farbe angenommen hat, Tomaten, Oliven, Kapern, Rosinen und Pinienkerne dazugeben. Bei niedriger Hitze 10 Minuten köcheln lassen. Die angebratenen Auberginen, Basilikum, Salz und Pfeffer hinzufügen, weitere 10 Minuten köcheln lassen. Den Essig angießen, 2–3 Minuten schmoren. Vom Herd nehmen und abkühlen lassen.

4. Einige Stunden (am besten über Nacht) in den Kühlschrank stellen. Kalt servieren, als Beilage zu Gegrilltem oder auf geröstetem Brot wie Bruschetta zum Aperitif.

AUBERGINEN-
CANNELLONI

—

FÜR **4** PORTIONEN
ZEITBEDARF: **20** MIN.
40 MIN. BRATEN + BACKEN

—

- 3 große Auberginen
- etwas Olivenöl
- 2 Tomaten, in Würfel geschnitten
- 2 Knoblauchzehen, gehackt
- 1 Zwiebel, in dünne Ringe geschnitten
- 1 TL Kreuzkümmel
- Salz, Pfeffer
- 300 g Lammschulter
- 200 ml passierte Tomaten
- 40 g frisch geriebener Parmesan

1. Die Auberginen längs in 16 dünne Scheiben, den Rest in kleine Würfel schneiden.

2. Die Auberginenscheiben in einer Pfanne im Olivenöl braten, bis sie schön gebräunt und weich sind (damit sie sich leichter rollen lassen). Beiseite stellen.

3. Die Füllung zubereiten: Tomatenwürfel, Knoblauch und Zwiebel in der Pfanne mit den Auberginenwürfeln, Kreuzkümmel, Salz und Pfeffer 10 Minuten anbraten. Das Lammfleisch grob hacken, ebenfalls in die Pfanne geben und weitere 5 Minuten braten.

4. Den Backofen auf 180 °C (Umluft 160 °C) vorheizen. Die Hälfte der passierten Tomaten in eine Auflaufform füllen. Die Auberginenscheiben auf die Arbeitsfläche legen, jeweils etwas Füllung daraufgeben und einrollen. Diese Auberginen-Cannelloni nacheinander in die Auflaufform setzen. Die andere Hälfte der passierten Tomaten über die Cannelloni gießen, mit Parmesan bestreuen. Im Ofen 20 Minuten backen.

REZEPT NR. 3

AUBERGINEN
MIT HACKFLEISCH-FETA-FÜLLUNG
—

FÜR **4** PORTIONEN
ZEITBEDARF: **20** MIN.
45 MIN. BRATEN + BACKEN
—

- 4 Auberginen
- etwas Olivenöl
- 1 Zwiebel, in dünne Ringe geschnitten
- 2 Knoblauchzehen, gehackt
- 400 g Rinderhackfleisch
- 200 g stückige Tomaten (Dose)
- 1 TL Kreuzkümmel
- 1 TL Paprikapulver
- Salz, Pfeffer
- 150 g Feta

1. Den Backofen auf 200 °C (Umluft 180 °C) vorheizen. Auberginen längs halbieren, die Oberfläche mit einem Messer gitterartig einritzen. Mit der Schnittfläche nach oben auf ein mit Backpapier ausgelegtes Backblech legen. Einen Schuss Olivenöl und etwas Salz darübergeben. Im Ofen 30 Minuten backen.

2. In der Zwischenzeit etwas Olivenöl in einer Pfanne erhitzen und Zwiebel und Knoblauch 5 Minuten anbraten. Hackfleisch, Tomaten, Gewürze, Salz und Pfeffer dazugeben, noch 10 Minuten weiterbraten.

3. Die Ofentemperatur auf 180 °C herunterschalten. Das Fruchtfleisch der gebackenen Auberginen mit einem Löffel herausschaben, pürieren und zur Fleischfüllung geben.

4. Die Füllung gleichmäßig in den Auberginen verteilen, den Feta darüberbröseln. Im Ofen 15 Minuten backen.

REZEPT NR. 4

AUBERGINEN-CURRY
MIT KOKOSMILCH
—

FÜR **4** PORTIONEN
ZEITBEDARF: **10** MIN.
20 MIN. KOCHEN + BRATEN

—

- etwas Olivenöl
- 1 Zwiebel, in dünne Ringe geschnitten
- 2 Knoblauchzehen, gehackt
- 2 Auberginen, in Würfel geschnitten
- 3–4 reife Tomaten, in Stücke geschnitten (ca. 400 g)
- 250 g gekochte Kichererbsen (Dose)

- 200 ml Kokosmilch
- 1 TL Kurkuma
- 1 TL Currypulver
- ½ TL gem. Ingwer
- Salz
- einige Stängel Petersilie oder Koriandergrün, fein gehackt
- gekochter Reis zum Servieren

1. Olivenöl in einem Topf erhitzen und die Zwiebel darin anbraten. Knoblauch und Auberginen hinzugeben, noch 3–4 Minuten weiterbraten.

2. Tomaten, Kichererbsen, Kokosmilch und Gewürze dazugeben. Umrühren und etwa 15 Minuten bei mittlerer Hitze köcheln lassen.

3. Mit den fein gehackten Kräutern bestreuen und mit Reis servieren.

FRITTATA
MIT ERBSEN UND SCHINKEN

ERBSEN

CREMIGE ERBSENSUPPE
MIT SCHMELZKÄSE

ERBSEN-RISOTTO
MIT ZIEGENFRISCHKÄSE

ERBSEN-HUMMUS
MIT MINZE

REZEPT NR. 1

ERBSEN-RISOTTO
MIT ZIEGENFRISCHKÄSE

FÜR **4** PORTIONEN
ZEITBEDARF: **10** MIN.
20 MIN. KOCHEN + BRATEN

1. Das Olivenöl in einer hohen Pfanne erhitzen, die Frühlingszwiebeln anschwitzen. Den Reis dazugeben und unter ständigem Rühren 1 Minute dünsten, bis die Körner glasig werden. Den Weißwein angießen und bei hoher Hitze einkochen lassen. Die Erbsen hinzufügen. Die Gemüsebrühe löffelweise dazugeben und so lange rühren, bis der Reis die Brühe aufgesogen hat. Auf diese Weise den Reis etwa 18 Minuten garen.

2. Am Ende der Garzeit mit dem Ziegenfrischkäse binden und mit Pfeffer und ein wenig Salz abschmecken.

- etwas Olivenöl
- 2–3 Frühlingszwiebeln (je nach Größe), in dünne Ringe geschnitten
- 240 g Risottoreis (z. B. Arborio)
- 1 kleines Glas Weißwein
- 150 g frische Erbsen, aus der Schote gelöst
- 1 l Gemüsebrühe
- 100 g Ziegenfrischkäse
- Salz, Pfeffer

REZEPT NR. 2

ERBSEN-HUMMUS
MIT MINZE

FÜR **4–6** PORTIONEN
ZEITBEDARF: **5** MIN.
8 MIN. KOCHEN

1. Die Erbsen in einem Topf mit kochendem Salzwasser 8 Minuten garen. In ein Sieb abgießen, kalt abschrecken, abtropfen und abkühlen lassen.

2. Alle Zutaten zusammen in einem Mixer zu einer homogenen Masse pürieren. Nach Bedarf etwas Wasser hinzufügen.

3. Als Dip zum Aperitif, z. B. mit Grissini und knackigen Gemüsesticks, servieren.

- 150 g frische Erbsen, aus der Schote gelöst
- 150 g gekochte Kichererbsen (Glas)
- 1 Knoblauchzehe
- 1 EL Tahin (Sesammus)
- 1 EL Zitronensaft
- 2 EL fein gehackte Minze
- 1 EL Olivenöl
- Salz, Pfeffer

REZEPT NR. 3

CREMIGE ERBSENSUPPE
MIT SCHMELZKÄSE

—

FÜR 4 PORTIONEN
ZEITBEDARF: **10** MIN.
25 MIN. KOCHEN + BRATEN

- etwas Olivenöl
- 1 Schalotte, in dünne Ringe geschnitten
- 600 g frische Erbsen, aus der Schote gelöst
- 80 g Schmelzkäse
- 1 Würfel Gemüsebrühe
- Salz, Pfeffer

1. Das Olivenöl in einem Topf erhitzen und die Schalotte einige Minuten anbraten. Die Erbsen dazugeben, so viel Wasser angießen, dass das Gemüse gerade bedeckt ist, und den Brühewürfel darüber bröseln. Zum Kochen bringen und etwa 20 Minuten leicht köcheln lassen.

2. Das Gemüse abgießen, das Kochwasser dabei auffangen. Erbsen mit dem Käse pürieren, den Kochsud nach und nach zugießen, bis die gewünschte Konsistenz erreicht ist. Salzen und pfeffern.

REZEPT NR. 4

FRITTATA
MIT ERBSEN UND SCHINKEN

—

FÜR 4 PORTIONEN
ZEITBEDARF: **10** MIN.
25 MIN. KOCHEN + BACKEN

- 250 g frische Erbsen, aus der Schote gelöst
- 6 Eier
- 100 ml Milch
- Salz, Pfeffer
- 100 g Schinkenwürfel
- 1 TL Butter

1. Die Erbsen in einem Topf mit kochendem Salzwasser 8 Minuten garen.

2. Den Backofen auf 180 °C (Umluft 160 °C) vorheizen. Die Eier verquirlen, die Milch zugießen, salzen und pfeffern. Die Erbsen und den Schinken untermischen.

3. In einer ofenfesten Pfanne oder einem Bräter die Butter zerlassen und die Erbsen-Eier-Mischung hineinfüllen. 2–3 Minuten auf der Herdplatte stocken lassen, anschließend etwa 15 Minuten im Ofen backen.

4. Heiß oder kalt mit einem Salat servieren.

BOHNENPFANNE
MIT KARTOFFELN UND SPECK

FALAFEL
MIT DICKEN
BOHNEN

BOHNEN

BOHNEN-ERBSEN-TAJINE
MIT FLEISCHBÄLLCHEN

GRÜNE BOHNEN
IM SPECKMANTEL

REZEPT NR. I

BOHNENPFANNE
MIT KARTOFFELN UND SPECK
—

FÜR **4** PORTIONEN
ZEITBEDARF: **20** MIN.
40 MIN. KOCHEN + BRATEN
—

- 2 EL Butter
- 400 g Kartoffeln, in große Würfel geschnitten
- 400 g frische grüne Bohnen, die Enden abgeschnitten
- 200 g geräucherte Speckwürfel
- 250 g Champignons, in Scheiben geschnitten
- 2 Knoblauchzehen, gehackt
- 1–2 EL Senf nach alter Art
- Salz, Pfeffer

1. 1 EL Butter in einer großen, hohen Pfanne zerlassen und die Kartoffeln etwa 20 Minuten anbraten, bis sie schön gebräunt und weich sind. Beiseite stellen.

2. In der Zwischenzeit die grünen Bohnen in einem Topf mit kochendem Salzwasser 15 Minuten garen. Abgießen.

3. Die Speckwürfel in der Pfanne anbraten. Beiseite stellen. Die Champignons dazugeben und 5 Minuten im Fett der Speckwürfel braten. Beiseite stellen.

4. Die grünen Bohnen 2–3 Minuten mit der restlichen Butter und dem Knoblauch bräunen. Kartoffeln, Champignons, Speckwürfel und Senf hinzufügen, salzen und pfeffern. Noch 5 Minuten weitergaren und sofort servieren.

REZEPT NR. 2

BOHNEN-ERBSEN-TAJINE
MIT FLEISCHBÄLLCHEN

—

FÜR **4** PORTIONEN
15 MIN.
35 MIN. KOCHEN + BRATEN

—

- etwas Olivenöl
- 1 rote Zwiebel, in dünne Ringe geschnitten
- 1 TL Paprikapulver
- 2 TL Kurkuma
- 1 EL gehackte Petersilie
- 70 g Tomatenmark
- 400 g frische Dicke Bohnen, aus der Schote gelöst

- 400 g frische Erbsen, aus der Schote gelöst
- Salz, Pfeffer

FÜR DIE FLEISCHBÄLLCHEN:
- 400 g Rinderhackfleisch
- 1 rote Zwiebel, in dünne Ringe geschnitten
- 1 TL Kurkuma
- 1 TL Paprikapulver
- 1 EL gehackte Petersilie

1. In einer Tajine (alternativ: einem Schmortopf mit dickem Boden) etwas Olivenöl erhitzen und die rote Zwiebel darin anbraten. Gewürze und Petersilie hinzufügen, gut umrühren, anschließend das Tomatenmark und ein kleines Glas Wasser dazugeben. 2–3 Minuten weitergaren. Erbsen, Bohnen und so viel Wasser dazugeben, dass das Gemüse bedeckt ist. Umrühren, Deckel aufsetzen und 20 Minuten schmoren.

2. Unterdessen die Hackbällchen zubereiten. Alle Zutaten, Salz und Pfeffer vermengen und aus der Masse mit leicht angefeuchteten Händen Bällchen formen. Die Fleischbällchen in die Tajine geben und weitere 10 Minuten garen. Heiß servieren.

FALAFEL
MIT DICKEN BOHNEN

—

FÜR **4** PORTIONEN
ZEITBEDARF: **15** MIN.
25 MIN. KOCHEN + BACKEN

—

- 220 g frische Dicke Bohnen
- 220 g gekochte Kichererbsen (Glas)
- 1 kleine Zwiebel, in dünne Ringe geschnitten
- 3 EL Kichererbsenmehl
- 1–2 TL Tahin (Sesammus)
- 1 EL fein gehacktes Koriandergrün
- Salz, Pfeffer
- etwas Olivenöl

1. Die Dicken Bohnen in einen Topf mit kochendem Wasser geben, nochmals aufkochen und 5 Minuten garen. Abgießen, kalt abbrausen, abtropfen lassen und mit einem sauberen Geschirrtuch trocken tupfen. Die Kichererbsen abgießen. Nach Belieben ebenfalls trocken tupfen und die äußere Schicht ablösen.

2. Alle Zutaten in einem Mixer pürieren. Nach und nach zu einer homogenen Masse pürieren (wenn Sie mögen, können Sie auch einige Stücke drin lassen). Nach Belieben abschmecken.

3. Den Backofen auf 180 °C (Umluft 160 °C) vorheizen. Mit leicht angefeuchteten Händen walnussgroße Bällchen formen, die Falafel auf ein mit Backpapier ausgelegtes Backblech legen. Mit Olivenöl bepinseln, im Ofen etwa 20 Minuten backen, nach der Hälfte der Garzeit wenden.

REZEPT NR. 4

GRÜNE BOHNEN
IM SPECKMANTEL
—

FÜR **4** PORTIONEN
ZEITBEDARF: **15** MIN.
35–40 MIN. KOCHEN + BACKEN

—

- 600 g frische grüne Bohnen, die Enden abgeschnitten
- 4 Scheiben Kochschinken, halbiert
- 20 g Maisstärke
- 400 ml Milch
- 1 Prise Muskatnuss
- Salz, Pfeffer
- 80 g frisch geriebener Emmentaler

1. Die grünen Bohnen in einem Topf mit kochendem Salzwasser 15 Minuten garen. Sie sollen bissfest bleiben. Aus den Bohnen 8 Päckchen formen.

2. Den Backofen auf 200 °C (Umluft 180 °C) vorheizen. Die Bohnenpäckchen jeweils mit ½ Schinkenscheibe umwickeln und in eine Auflaufform setzen.

3. Die Maisstärke mit der kalten Milch anrühren, unter ständigem Rühren aufkochen, bis die Masse eindickt. Muskatnuss hinzufügen, salzen und pfeffern.

4. Die Bohnenpäckchen mit der Sauce übergießen und mit geriebenem Emmentaler bestreuen. Im Ofen 15–20 Minuten garen.

BLUMENKOHL-
WINGS

BLUMENKOHL

BLUMENKOHL-RISOTTO
MIT CHORIZO UND PARMESAN

BLUMENKOHL
AUS DEM WOK

KNUSPRIG GEBACKENER
BLUMENKOHL

REZEPT NR. I

BLUMENKOHL-
WINGS

—

FÜR **4** PORTIONEN
ZEITBEDARF: **15** MIN.
15 MIN. BACKEN

—

- 1 Schälchen ungezuckerte Mais-Cornflakes
- 100 ml Milch
- 4 EL Mehl
- 1 gestr. TL geräuchertes Paprikapulver
- Salz, Pfeffer
- 300 g Blumenkohlröschen

1. Den Backofen auf 180 °C (Umluft 160 °C) vorheizen. Die Cornflakes etwas zerkleinern, aber nicht ganz zerbröseln.

2. In einer Schüssel Milch, Mehl, Paprikapulver, Salz und Pfeffer zu einem dickflüssigen Teig verrühren. Die Blumenkohlröschen hineintauchen, ganz damit überziehen, anschließend in den Cornflakes wenden.

3. Auf ein mit Backpapier ausgelegtes Backblech legen. Auf der mittleren Schiene des Backofens etwa 12 Minuten backen, dann kurz unter den Grill schieben, damit die Wings schön goldbraun werden.

FÜR GENIESSER*INNEN: Servieren Sie die Blumenkohl-Wings mit Ketchup oder Barbecue-Sauce.

BLUMENKOHL
AUS DEM WOK
—

FÜR **2** PORTIONEN
ZEITBEDARF: **10** MIN.
20 MIN. KOCHEN + BRATEN

—

- 250 g Blumenkohlröschen
- 80 g Schinken, in Würfel geschnitten
- etwas neutrales Öl
- 2 Eier
- 1 Zwiebel, in dünne Ringe geschnitten
- 1 Möhre, in kleine Würfel geschnitten
- 80 g Erbsen (frisch oder TK)
- 3–4 EL helle Sojasauce

1. Vom Blumenkohl die Stängel und Stiele entfernen, die Röschen im Blitzhacker oder in der Küchenmaschine zu reiskorngroßen Krümeln mixen.

2. Einen Wok (oder eine große, hohe Pfanne) erhitzen und den Schinken etwa 2 Minuten anbraten. Beiseite stellen.

3. Etwas Öl in den Wok geben und die verquirlten Eier 2 Minuten stocken lassen, mit einem Spatel zu kleinen Omelettstücken rühren. Ebenfalls beiseite stellen.

4. Die Zwiebel im Wok einige Minuten anbraten, die Möhre dazugeben und unter ständigem Rühren weiterbraten, bis sie gar, aber noch bissfest ist. Die Erbsen (falls Sie frische verwenden, sollten Sie sie vorher kurz in kochendem Salzwasser blanchieren) und den Blumenkohl hinzufügen. Zudecken und unter gelegentlichem Rühren etwa 10 Minuten köcheln lassen (falls das Gemüse am Wok festklebt, etwas Wasser zugeben). Zum Schluss den Schinken, das Omelett und je nach Geschmack Sojasauce dazugeben. Durchrühren und servieren.

REZEPT NR. 3

BLUMENKOHL-RISOTTO
MIT CHORIZO UND PARMESAN
—

FÜR **2** PORTIONEN
15 MIN.
45 MIN. KOCHEN + BRATEN

—

- 400 g Blumenkohlröschen
- 1 TL Olivenöl
- 1 Schalotte, in dünne Ringe geschnitten
- ½ Glas Weißwein
- 400 ml Gemüsebrühe
- 1 TL Kurkuma

- 60 g Chorizo, in kleine Stücke geschnitten
- Salz, Pfeffer
- einige Blätter glatte Petersilie, fein gehackt
- 40 g frisch geriebener Parmesan

1. Die Blumenkohlröschen im Blitzhacker oder in der Küchenmaschine zu reiskorngroßen Krümeln mixen.

2. Das Olivenöl in einer hohen Pfanne erhitzen, die Schalotte einige Minuten darin anbraten. Den Blumenkohl dazugeben und gut umrühren. Den Weißwein angießen und bei hoher Hitze einkochen lassen. Gemüsebrühe und Kurkuma hinzugeben und bei mittlerer Hitze unter regelmäßigem Rühren köcheln lassen. Nach 40 Minuten sollte der Blumenkohl gar und die Gemüsebrühe eingekocht sein. Nach 30 Minuten Garzeit die Chorizo hinzufügen.

3. Leicht salzen und pfeffern, Petersilie und Parmesan dazugeben, durchrühren und sofort servieren.

REZEPT NR. 4

KNUSPRIG GEBACKENER
BLUMENKOHL

—

FÜR **4** PORTIONEN
5 MIN.
50 MIN. BACKEN

—

- 40 g gesalzene Butter
- 1 Knoblauchzehe, gehackt
- 1 TL Currypulver
- 1 TL Paprikapulver
- Salz, Pfeffer
- 1 Blumenkohl

1. Den Backofen auf 180 °C (Umluft 160 °C) vorheizen. Die Butter zerlassen, Knoblauch, Curry- und Paprikapulver, etwas Salz und Pfeffer hinzufügen und umrühren. Den ganzen Blumenkohl mit dieser Mischung bepinseln.

2. Auf der unteren Schiene des Backofens etwa 50 Minuten backen. Sollte der Blumenkohl etwas zu schnell bräunen, mit Backpapier abdecken.

VARIANTE: Verwenden Sie Gewürze oder Würzmischungen nach Ihrem Geschmack (Kräuter der Provence, Chilipulver …).

IN DIESEM GEMÜSE STECKT NOCH VIEL MEHR –
ENTDECKUNGEN

Avocado, Rettich, Mais, Grünkohl ...

Auch wenn diese Gemüsesorten keineswegs unbekannt sind, isst man sie meistens einfach so, wie sie sind. Diese Rezepte liefern Ihnen ein paar Ideen, sie auch mal anders zu kochen.

ONION
RINGS

ZWIEBELN

GESTÜRZTE ZWIEBELTARTE

ASIATISCHES RINDFLEISCH MIT ZWIEBELN

ZWIEBELKUCHEN MIT KARTOFFELN UND BACON

REZEPT NR. 1

ONION RINGS

—

FÜR **4** PORTIONEN
15 MIN.
2–3 MIN. FRITTIEREN

1. Öl in einer Fritteuse auf 180 °C erhitzen. Die Zwiebeln in ca. 1 cm breite Ringe schneiden, die einzelnen Ringe voneinander trennen.

2. In einer Schüssel Mehl, Backpulver und 1 Prise Salz vermischen. In einer weiteren Schüssel Ei und Milch verrühren. Die Ringe durch die Mehl-Mischung und anschließend durch die Ei-Milch-Mischung ziehen, dann im Paniermehl wenden.

3. Die Zwiebelringe 2–3 Minuten im Öl frittieren, auf Küchenpapier abtropfen lassen, salzen und sofort servieren.

- Öl zum Frittieren
- 2 große Zwiebeln, geschält
- 150 g Mehl
- 1 TL Backpulver
- Salz
- 1 Ei
- 200 ml Milch
- 40 g Paniermehl

FÜR GENIESSER*INNEN: Servieren Sie die Onion Rings mit Barbecue-Sauce.

REZEPT NR. 2

GESTÜRZTE ZWIEBELTARTE

—

FÜR **4–6** PORTIONEN
15 MIN.
35–40 MIN. BRATEN + BACKEN

1. Die Butter in einer hohen Pfanne zerlassen, die Zwiebelhälften 5 Minuten darin anschwitzen, bis sie hellbraun sind. Zucker, Balsamico-Essig, etwas Salz und Pfeffer hinzufügen und karamellisieren lassen. Beiseite stellen und abkühlen lassen.

2. Den Backofen auf 180 °C (Umluft 160 °C) vorheizen. Eine Tarteform einfetten und die Zwiebelhälften auf dem Boden verteilen. Die Blätterteigplatte darüberlegen und den überstehenden Rand nach unten drücken. Im Ofen 25–30 Minuten backen.

3. Die Tarte aus dem Backofen nehmen, auf eine Platte stürzen und mit einem grünen Salat servieren.

- 30 g Butter + Butter für die Form
- 2 EL Zucker
- 2 EL Balsamico-Essig
- Salz, Pfeffer
- 1 kg (Gemüse-) Zwiebeln, halbiert
- 1 Pck. Blätterteig

REZEPT NR. 3

ZWIEBELKUCHEN
MIT KARTOFFELN UND BACON

—

FÜR **4** PORTIONEN

15 MIN.

40–45 MIN. BACKEN

—

- 3 (Gemüse-) Zwiebeln, geschält
- 800 g Kartoffeln, geschält
- 80 g frisch geriebener Gruyère
- 2 Eier
- 1 TL Muskatnuss
- Salz, Pfeffer
- 12 Scheiben Bacon

1. Den Backofen auf 180 °C (Umluft 160 °C) vorheizen. Zwiebeln und Kartoffeln reiben.

2. In einer Schüssel die geriebenen Kartoffeln und Zwiebeln mit der Hälfte des Gruyère, den Eiern, Muskatnuss, etwas Salz und Pfeffer vermengen.

3. Die Hälfte der Masse in eine runde Silikonbackform oder Springform füllen, die Baconscheiben darauf verteilen, die restliche Masse darübergeben. Mit dem restlichen Gruyère bestreuen. Im Ofen 40–45 Minuten backen.

REZEPT NR. 4

ASIATISCHES RINDFLEISCH
MIT ZWIEBELN

—

FÜR **4** PORTIONEN

10 MIN.

12 STD. KÜHLEN

10 MIN. BRATEN

—

- 600 g mageres Rindfleisch (Steakfleisch)
- 1/3 TL Backnatron
- 1 EL neutrales Öl
- 3 Zwiebeln, in dünne Ringe geschnitten
- 2 EL süße Sojasauce
- Pfeffer

FÜR DIE MARINADE:
- 2 EL helle Sojasauce
- 1 EL Sesamöl
- 1 EL Shaoxing-Reiswein

1. Das Fleisch in feine Streifen schneiden. Das Natron in 1 EL Wasser auflösen und über das Fleisch geben, mit der Hand vermengen, sodass das Fleisch ganz davon umgeben ist. Mindestens 12 Stunden kühl stellen.

2. Etwa 1 Stunde vor der Zubereitung des Gerichts die Marinade-Zutaten zum Fleisch geben, durchrühren und bei Zimmertemperatur marinieren.

3. In einem Wok (oder einer großen, hohen Pfanne) bei hoher Hitze das Öl heiß werden lassen. Das marinierte Rindfleisch hineingeben und anbräunen. Zwiebeln und Sojasauce hinzufügen, weiterbraten, bis die Zwiebeln weich sind, und pfeffern.

AVOCADO-TATAR
MIT GARNELEN UND RÄUCHERLACHS

GEBACKENE AVOCADO
MIT EI UND BACON

AVOCADOS

AVOCADO-TOAST
CAPRESE

GEFÜLLTE EIER
MIT AVOCADO

REZEPT NR. 1

AVOCADO-TOAST
CAPRESE

FÜR **2** PORTIONEN
ZEITBEDARF: **10** MIN.

1. Die Avocado mit der Gabel zerdrücken. Zitronensaft und Olivenöl dazugeben und gut verrühren.

2. Die Brotscheiben rösten und mit der Mischung bestreichen. Mit Salz, Pfeffer und, je nach Geschmack, Chilipulver würzen. Kirschtomaten und Mozzarellakugeln sowie etwas Rucola darauf verteilen. Mit Balsamico-Essig beträufeln.

- 1 Avocado
- 1 EL Zitronensaft
- 1 EL Olivenöl
- 2 große Scheiben Bauernbrot
- Salz, Pfeffer
- 1 Prise Chilipulver (optional)
- 6 Kirschtomaten, halbiert
- 6 Kugeln Mini-Mozzarella, halbiert
- etwas Rucola
- 1 TL Balsamico-Essig

REZEPT NR. 2

GEBACKENE AVOCADO
MIT EI UND BACON

FÜR **2** PORTIONEN
ZEITBEDARF: **5** MIN.
15 MIN. BACKEN

1. Den Backofen auf 180°C (Umluft 160°C) vorheizen. Die Avocado halbieren, den Kern entfernen und die Hälften auf ein mit Backpapier ausgelegtes Backblech setzen.

2. Die Eier aufschlagen und vorsichtig in die Avocados gleiten lassen. Den Bacon sowie etwas Paprika- oder Chilipulver darüber geben, salzen und pfeffern. Im Ofen etwa 15 Minuten backen, das Eiweiß soll fest und das Eigelb noch flüssig sein.

- 1 Avocado
- 2 Eier (Größe S)
- 2 Scheiben Bacon, in Streifen geschnitten
- 1 TL Paprika- oder Chilipulver
- Salz, Pfeffer

REZEPT NR. 3

GEFÜLLTE EIER
MIT AVOCADO

FÜR **4** PORTIONEN
ZEITBEDARF: **10** MIN.
10 MIN. KOCHEN

- 4 Eier
- 1 reife Avocado
- 2 EL Mayonnaise
- einige Stängel Schnittlauch, fein gehackt
- Salz, Pfeffer

1. Einen Topf mit Wasser zum Kochen bringen und die Eier 10 Minuten hart kochen. Kalt abschrecken und pellen. Längs halbieren, die Eigelbe vorsichtig herausnehmen und beiseite stellen.

2. In einer kleinen Schüssel die Avocado mit der Gabel zerdrücken. Eigelbe (etwas davon zum Garnieren aufheben), Mayonnaise, Schnittlauch (auch hier etwas zum Garnieren aufheben), etwas Salz und Pfeffer dazugeben und zu einer homogenen Creme verrühren. Diese Creme mit dem Spritzbeutel oder einem Löffel in die 8 Eiweißhälften füllen, mit dem zurückbehaltenen Eigelb und etwas Schnittlauch garnieren.

REZEPT NR. 4

AVOCADO-TATAR
MIT GARNELEN UND RÄUCHERLACHS

FÜR **4** PORTIONEN
ZEITBEDARF: **10** MIN.

- 16 gekochte und geschälte Garnelen
- 1 Avocado
- etwas Zitronensaft
- 2 Scheiben Räucherlachs, in schmale Streifen geschnitten
- einige Stängel Schnittlauch, fein gehackt
- 2 EL Olivenöl
- 1 Prise Piment d'Espelette
- Fleur de sel

1. Von den Garnelen 4 Stück zum Garnieren beiseite stellen, das übrige Garnelenfleisch würfeln.

2. Avocado halbieren, entkernen, das Fruchtfleisch aus der Schale lösen, mit einem Teil des Zitronensafts beträufeln und in Würfel schneiden. Mit dem Räucherlachs und dem Schnittlauch in eine Schüssel geben, Olivenöl und den restlichen Zitronensaft hinzufügen und vorsichtig mischen.

3. Einen Garnierring auf jeden Teller setzen. Tatar gleichmäßig darin verteilen und leicht andrücken. Ring vorsichtig lösen und abziehen. Die ganzen Garnelen darauf anrichten, mit Piment d'Espelette und etwas Fleur de sel bestreuen.

FÜR GENIESSER*INNEN: Mit Mango- oder Grapefruitwürfeln bekommt das Tatar eine frisch-fruchtige Note.

SÜßKARTOFFEL-CURRY-
TARTE

SÜSSKARTOFFELN

WÜRZIGE
SÜßKARTOFFEL-POMMES

GEFÜLLTE SÜSSKARTOFFELN
MIT FETA

SÜSSKARTOFFEL-AUFLAUF
MIT HACKFLEISCH

REZEPT NR. 1

SÜßKARTOFFEL-CURRY-
TARTE
—

FÜR **4–6** PORTIONEN
ZEITBEDARF: **15** MIN.
50 MIN. BRATEN + BACKEN
—

1. Die Speckwürfel in einer Pfanne anschwitzen. Die Zwiebel dazugeben und 5 Minuten braten.

2. Die Süßkartoffeln mit dem Gemüsehobel in dünne Scheiben hobeln. Mit der Zwiebel und den Speckwürfeln vermischen.

3. Den Backofen auf 180 °C (Umluft 160 °C) vorheizen. Eine Tarte-form mit dem Teig auslegen und die Süßkartoffel-Zwiebel-Speck-Mischung hineinfüllen.

4. Die Eier verquirlen. Sahne, Currypulver, etwas Salz und Pfeffer unterrühren. Die Eiersahne über die Süßkartoffelscheiben gießen. Im Ofen etwa 40 Minuten backen.

- 200 g Speckwürfel
- 1 Zwiebel, in dünne Ringe geschnitten
- 500 g Süßkartoffeln, geschält
- 1 Pck. Mürbeteig (alternativ Tarte- oder Quicheteig)
- 3 Eier
- 200 g Sahne
- 2 TL Currypulver
- Salz, Pfeffer

REZEPT NR. 2

WÜRZIGE
SÜSSKARTOFFEL-POMMES
—

FÜR **4** PORTIONEN
ZEITBEDARF: **10** MIN.
25–30 MIN. BACKEN
—

1. Den Backofen auf 200 °C Umluft vorheizen. Die Süßkartoffeln längs in Streifen schneiden.

2. Öl, Gewürze, Salz und Pfeffer mit den Pommes in einen Gefrier-beutel geben und alles gut miteinander vermengen.

3. Die Pommes auf einem mit Backpapier ausgelegten Back-blech so verteilen, dass sie nicht übereinanderliegen und gleichmäßig garen können. Im Ofen 25–30 Minuten backen.

- 600 g Süßkartof-feln, geschält
- 2 EL Olivenöl
- 1 TL Paprikapulver
- 1 TL Currypulver
- Salz, Pfeffer

REZEPT NR. 3

GEFÜLLTE SÜSSKARTOFFELN
MIT FETA

—

FÜR 4 PORTIONEN
ZEITBEDARF: **10** MIN.
1 STD.–**1** STD. **5** MIN.
BRATEN + BACKEN

—

- 2 mittelgroße Süßkartoffeln
- 1 rote Zwiebel, in dünne Ringe geschnitten
- 1 EL Olivenöl
- 100 g Feta
- 1 EL Tandoori-Pulver oder -Paste
- Salz, Pfeffer
- 2 EL Honig
- einige Stängel Koriandergrün, fein gehackt

1. Den Backofen auf 180 °C (Umluft 160 °C) vorheizen. Die Süßkartoffeln mehrfach mit der Gabel einstechen und im Ofen 45 Minuten weich garen.

2. Unterdessen die rote Zwiebel in einer leicht gefetteten Pfanne anbraten. Beiseite stellen.

3. Die Süßkartoffeln längs halbieren und aushöhlen. Das Fruchtfleisch grob zerdrücken und mit dem zerbröckelten Feta, der gebratenen roten Zwiebel, Tandoori-Pulver, etwas Salz und Pfeffer vermischen. Die ausgehöhlten Süßkartoffelhälften mit dieser Masse füllen und auf ein mit Backpapier ausgelegtes Backblech setzen. Mit etwas Honig beträufeln und im Ofen 15–20 Minuten backen.

4. Mit dem fein gehackten Koriandergrün bestreut servieren.

REZEPT NR. 4

SÜSSKARTOFFEL-AUFLAUF
MIT HACKFLEISCH

—

FÜR 4 PORTIONEN
ZEITBEDARF: **25** MIN.
40 MIN. KOCHEN, BRATEN
+ BACKEN

—

- 1 kg Süßkartoffeln, in Stücke geschnitten
- 1 TL Olivenöl
- 1 Zwiebel, in dünne Ringe geschnitten
- 500 g Hackfleisch
- Salz, Pfeffer
- 400 g Dosentomaten
- 2 EL Barbecue-Sauce
- 250 ml Milch
- 70 g Cheddar

1. Die Süßkartoffeln in einem Topf mit Salzwasser etwa 20 Minuten garen. Unterdessen das Olivenöl in einer Pfanne erhitzen und die Zwiebel darin 2–3 Minuten anbraten. Hackfleisch, etwas Salz und Pfeffer dazugeben und etwa 10 Minuten braun braten. Vom Herd nehmen, Tomaten und Barbecue-Sauce hinzugeben und umrühren. Den Backofen auf 210 °C (Umluft 190 °C) vorheizen. Gekochte Süßkartoffeln pürieren, die Milch zugießen.

2. Die Hackfleischmischung in eine Auflaufform füllen, das Süßkartoffelpüree darauf verteilen. Mit geriebenem Cheddar bedecken. Im Ofen etwa 20 Minuten backen.

GURKENSALAT
MIT MELONE UND MOZZARELLA

GURKE & RETTICH

RADIESCHEN-
CHEESECAKES

GURKENSCHÄLCHEN
MIT THUNFISCH GEFÜLLT

HÄPPCHEN VON SCHWARZEM RETTICH
MIT LACHS UND ZIEGENFRISCHKÄSE

REZEPT NR. 1

GURKENSALAT
MIT MELONE UND MOZZARELLA
—

FÜR 4 PORTIONEN
ZEITBEDARF: 20 MIN.
1 STD. KÜHLEN
—

1. Die Melonen halbieren, Kerne und Fasern entfernen. Mit einem Kugelausstecher das Fruchtfleisch ausstechen. Mit der Gurke ebenso verfahren. Die ausgehöhlten Melonenhälften zurückbehalten.

2. Melonen-, Gurken- und Mozzarella-Kugeln in eine Schüssel geben, Öl, Minze, Salz und Pfeffer hinzufügen. Durchmischen, mit Frischhaltefolie abdecken und mindestens 1 Stunde kühl stellen.

3. Unmittelbar vor dem Servieren den Salat in die ausgehöhlten Melonenhälften füllen.

- 2 kleine Zuckermelonen (Cantaloupe oder Charentais)
- 1 Salatgurke
- 12 Kugeln Mini-Mozzarella
- 2 EL Olivenöl
- 2 EL klein geschnittene frische Minze
- Salz, Pfeffer

REZEPT NR. 2

HÄPPCHEN VON
SCHWARZEM RETTICH
MIT LACHS UND ZIEGENFRISCHKÄSE
—

FÜR 4 PORTIONEN
ZEITBEDARF: 15 MIN.
—

1. Den schwarzen Rettich mit einem Gemüsehobel in sehr dünne Scheiben schneiden.

2. Den Ziegenfrischkäse verrühren, etwas Dill, Salz und Pfeffer hinzugeben.

3. In die Mitte der Rettichscheiben jeweils etwas Käse und Lachs geben, mit Sesamkörnern bestreuen, zwei Seiten der Rettichscheiben hochbiegen und mit einem Holzspießchen fixieren.

- 1 schwarzer Rettich
- 100 g Ziegenfrischkäse
- einige Stiele Dill, fein gehackt
- Salz, Pfeffer
- 2–3 Scheiben Räucherlachs, in schmale Streifen geschnitten
- einige schwarze Sesamkörner

REZEPT NR. 3

RADIESCHEN-
CHEESECAKES

FÜR **4** PORTIONEN
ZEITBEDARF: **20** MIN.
2 STD. KÜHLEN

- 100 g Cracker
- 20 g Walnüsse
- 50 g gesalzene Butter, zerlassen
- 1 Bund Radieschen
- 200 g Frischkäse (Doppelrahm-stufe)
- 100 g Frischkäse mit Schalotten und Schnittlauch (z. B. Boursin®)
- ½ Bund Schnitt-lauch, fein gehackt
- Salz, Pfeffer

1. Cracker und Walnüsse grob zerkleinern, mit der zerlassenen Butter vermengen. Die Masse in 4 mit Backpapier ausgelegte Torten- oder Garnierringe (Edelstahl) füllen, fest andrücken. Kühl stellen.

2. Die Hälfte der Radieschen reiben, die andere Hälfte beiseite stellen. Die beiden Frischkäsesorten vermischen, die geriebenen Radieschen, einige Schnittlauchröllchen, etwas Salz und Pfeffer untermengen. Die Masse auf den Keksboden geben und die Oberfläche glatt streichen. Mit Frischhaltefolie abdecken und mindestens 2 Stunden im Kühlschrank ruhen lassen.

3. Vor dem Servieren die zurückbehaltenen Radieschen in dünne Scheiben schneiden. Die Ringe entfernen und die Cheesecakes mit den Radieschenscheiben und dem restlichen Schnittlauch garnieren.

REZEPT NR.4

GURKENSCHÄLCHEN
MIT THUNFISCH GEFÜLLT

FÜR **4** PORTIONEN
ZEITBEDARF: **10** MIN.

- 1 Salatgurke
- 1 Dose Thunfisch natur (130 g)
- 3–4 EL Mayonnaise
- einige Stängel Schnittlauch, fein gehackt
- etwas Rosa Pfeffer
- Salz, Pfeffer

1. Die Gurke streifig schälen (zwischen den geschälten Bereichen immer einen Streifen der grünen Haut stehen lassen). In 3–4 cm breite Abschnitte schneiden, jeden Gurkenabschnitt mit einem Kugelausstecher auf einer Seite aushöhlen.

2. Thunfisch und Mayonnaise vermischen und die Gurkenabschnitte damit füllen. Mit Schnittlauchröllchen und Rosa Pfeffer garnieren, salzen und pfeffern.

MAIS-CHOWDER
MIT KARTOFFELN

MAISKOLBEN
MIT BUTTER AUS DEM BACKOFEN

MAIS

CACHAPAS
(MAIS-PFANNKUCHEN)

BUNTE
MAIS-SPIESSE

REZEPT NR. 1

MAISKOLBEN
MIT BUTTER AUS DEM BACKOFEN

—

FÜR 4 PORTIONEN
ZEITBEDARF: 5 MIN.
20 MIN. BACKEN

—

1. Den Backofen auf 200 °C (Umluft 180 °C) vorheizen. Die Mais-kolben rundherum mit zerlassener Butter bepinseln und auf ein mit Backpapier ausgelegtes Backblech legen. Salzen, pfef-fern, mit Koriandergrün und Piment d'Espelette bestreuen.

2. Die Maiskolben im Ofen 20 Minuten backen, dabei alle 5 Minu-ten wenden, damit sie gleichmäßig gar werden.

FÜR GENIESSER*INNEN: Aromatisieren Sie die Butter mit Gewür-zen oder Kräutern.

- 4 Maiskolben
- 80 g gesalzene Butter, zerlassen
- Salz, Pfeffer
- einige Stängel Koriandergrün, fein gehackt
- 1 Prise Piment d'Espelette

REZEPT NR. 2

MAIS-CHOWDER
MIT KARTOFFELN

—

FÜR 4 PORTIONEN
ZEITBEDARF: 15 MIN.
30 MIN KOCHEN

—

1. Die Maiskolben in einem Topf mit kochendem Wasser 5 Minu-ten garen. Abtropfen lassen und die Körner vom Kolben lösen.

2. In einem Topf die Butter zerlassen und die Zwiebel 5 Minu-ten darin anbraten. Kartoffeln, Maiskörner und Gemüsebrühe dazugeben und etwa 20 Minuten köcheln lassen.

3. In der Zwischenzeit die Chorizo in einer Pfanne rösten.

4. Die Kartoffel-Mais-Mischung pürieren, etwas Salz und Paprika-pulver hinzufügen. Die Suppe mit den gerösteten Chorizo-Sticks servieren.

- 4 Maiskolben
- 20 g Butter
- 1 Zwiebel, in dünne Ringe geschnitten
- 2 Kartoffeln, geschält und in Stücke geschnitten
- 800 ml Gemüse-brühe
- 75 g Chorizo-Sticks
- 1 Prise Paprika-pulver
- Salz, Pfeffer

REZEPT NR. 3

CACHAPAS
(MAIS-PFANNKUCHEN)

FÜR **4** PORTIONEN
ZEITBEDARF: **10** MIN.
10–15 MIN. BACKEN

- 300 g frische Maiskörner
- 100 ml Milch
- 2 Eier
- Salz, Pfeffer
- 1 Kugel Mozzarella, in dünne Scheiben geschnitten
- 2 Frühlingszwiebeln, in dünne Ringe geschnitten
- Öl zum Braten

1. Die Maiskörner mit der Milch, den Eiern, etwas Salz und Pfeffer im Mixer mischen.

2. Eine gefettete kleine Pfanne erhitzen, einen Schöpflöffel Teig hineingeben und zu einem ca. 5 mm dicken runden Pfannkuchen formen. Sobald die Ränder gar sind, die Cachapa wenden und fertig backen. Den Vorgang wiederholen, bis der Teig vollständig aufgebraucht ist.

3. Die Hälfte jeder Cachapa mit Mozzarella und Frühlingszwiebeln belegen, zusammenklappen und für einige Minuten in den Ofen schieben, bis der Käse geschmolzen ist.

VARIANTE: Sie können den Mozzarella durch Ziegenkäse oder jeden anderen leicht schmelzenden Käse ersetzen.

REZEPT NR. 4

BUNTE
MAIS-SPIESSE

FÜR **4** PORTIONEN
ZEITBEDARF: **10** MIN.
10 MIN. KOCHEN + GRILLEN

- 2 Maiskolben
- 1 Zucchini, in Scheiben geschnitten
- 1 rote Zwiebel, geviertelt
- 1 rote Paprikaschote, in Stücke geschnitten
- einige Kirschtomaten
- etwas Olivenöl
- Salz, Pfeffer

1. Einen Topf mit Wasser zum Kochen bringen und die Maiskolben 5 Minuten garen. Abtropfen lassen und in dickere Scheiben schneiden.

2. Die verschiedenen Gemüsestücke abwechselnd auf 4 Holzspieße stecken. Mit Olivenöl bestreichen, salzen und pfeffern.

3. Die Spieße auf dem Grill oder auf einer Grillplatte unter regelmäßigem Wenden von allen Seiten grillen.

ARTISCHOCKENBÖDEN
MIT HACKFLEISCH GEFÜLLT

ARTISCHOCKEN-PASTA
MIT BURRATA

ARTISCHOCKEN UND SPARGEL

WEICHE EIER
MIT KNUSPRIGEM
GRÜNEM SPARGEL

CRÈME BRÛLÉE
MIT GRÜNEM SPARGEL
UND PARMESAN

REZEPT NR. I

ARTISCHOCKEN-PASTA
MIT BURRATA

—

FÜR **4** PORTIONEN
ZEITBEDARF: **15** MIN.
15 MIN. KOCHEN

—

- 8 Mini-Artischocken (oder Artischockenböden)
- etwas Olivenöl
- 2 Knoblauchzehen, geschält
- Saft von ½ Zitrone
- Salz, Pfeffer

- 400 g Nudeln (z.B. Rigatoni, Tortiglioni)
- 2 Kugeln Burrata (oder Mozzarella), halbiert
- einige Kerbelblätter, fein gehackt

1. Die harten äußeren Blätter der Artischocken entfernen, den Stielansatz und die Spitze abschneiden. Den Rest vierteln.

2. In einer hohen Pfanne die Artischocken in etwas Öl 5 Minuten anbraten. Knoblauch, Zitronensaft, etwas Salz und Pfeffer hinzufügen und die Artischocken weich braten.

3. In der Zwischenzeit die Nudeln nach Packungsanweisung in reichlich Salzwasser al dente kochen.

4. Die Nudeln mit einem Schuss Olivenöl, dem Kerbel, den Artischocken und einer halben Burratakugel pro Person servieren.

ARTISCHOCKENBÖDEN
MIT HACKFLEISCH GEFÜLLT

FÜR **4** PORTIONEN
ZEITBEDARF: **15** MIN.
25–30 MIN. BRATEN + BACKEN

- etwas Olivenöl
- 1 Zwiebel, fein gewürfelt
- 500 g Rinderhackfleisch
- 2 EL fein gehacktes Basilikum
- 1 TL Gewürzmischung Italienische Kräuter
- Salz, Pfeffer
- 16 Artischockenböden
- 200 ml Tomatensauce
- 50 g frisch geriebener Gruyère

1. Das Öl in einer hohen Pfanne erhitzen und die Zwiebel 5 Minuten darin anbraten.

2. Den Backofen auf 180 °C (Umluft 160 °C) vorheizen. In einer Schüssel Hackfleisch, gebratene Zwiebel, Basilikum, Gewürze, Salz und Pfeffer vermengen. Mit den Händen Frikadellen formen und in die Artischockenböden setzen.

3. Die Tomatensauce in eine Auflaufform geben und die gefüllten Artischockenböden daraufsetzen. Mit geriebenem Gruyère bestreuen und im Ofen 20–25 Minuten backen.

REZEPT NR. 3

WEICHE EIER
MIT KNUSPRIGEM GRÜNEN SPARGEL

—

FÜR **4** PORTIONEN
ZEITBEDARF: **15** MIN.
15 MIN. KOCHEN + BACKEN

—

- 12 Stangen grüner Spargel
- 5 Eier
- 80 g Panko-Mehl (japan. Paniermehl)
- 40 g frisch geriebener Parmesan
- Salz, Pfeffer
- etwas Olivenöl

1. Spargel von den holzigen Enden befreien und bei Bedarf schälen. Spargel in kochendem Wasser 4 Minuten blanchieren, anschließend sofort kalt abschrecken. Auf Küchenpapier abtropfen lassen.

2. 4 Eier in kochendem Wasser 4 Minuten kochen, anschließend sofort in eine Schüssel mit kaltem Wasser tauchen, um den Garprozess zu stoppen.

3. Den Backofen auf 180 °C (Umluft 160 °C) vorheizen. Die Spargelstangen mit dem verquirlten letzten Ei bestreichen, in Paniermehl und Parmesan wenden. Auf ein mit Backpapier ausgelegtes Backblech legen, salzen und pfeffern, mit Öl beträufeln. im Ofen 8–10 Minuten backen.

4. Die knusprigen Spargelstangen zum Eintunken in die weichen Eier servieren.

REZEPT NR. 4

CRÈME BRÛLÉE
MIT GRÜNEM SPARGEL UND PARMESAN

—

FÜR **4** PORTIONEN
ZEITBEDARF: **15** MIN.
45 MIN. BRATEN + BACKEN

—

- 10 Stangen grüner Spargel
- 1 TL Olivenöl
- 1 Knoblauchzehe, gehackt
- 200 g Sahne
- 3 Eigelb
- 40 g frisch geriebener Parmesan
- Salz, Pfeffer
- etwas Rohrzucker

1. Spargel von den holzigen Enden befreien und bei Bedarf schälen.

2. Das Olivenöl in einer Pfanne erhitzen, Knoblauch und Spargel dazugeben, bei niedriger Hitze 8–10 Minuten braten.

3. Den Backofen auf 100 °C (Umluft 80 °C) vorheizen. Den Spargel mit der Sahne, den Eigelben, Parmesan, Salz und Pfeffer im Mixer zu einer glatten, homogenen Masse pürieren. Die Masse in 4 Auflaufförmchen füllen. Im Ofen etwa 35 Minuten backen. Die Crème soll in der Mitte noch nicht ganz durchgegart sein.

4. Vollständig abkühlen lassen und in den Kühlschrank stellen. Vor dem Servieren eine dünne Schicht Zucker auf die Crèmes geben und mit einem Bunsenbrenner (oder unter dem Grill des Backofens) karamellisieren.

KÜRBIS-
PIZZA

BUTTERNUT-
WAFFELN

KÜRBIS UND CO.

MAC'N'CHEESE
MIT KÜRBIS

SPAGHETTIKÜRBIS
ALLA BOLOGNESE

REZEPT NR. 1

KÜRBIS-
PIZZA

—

FÜR **4** PORTIONEN
ZEITBEDARF: **15** MIN.
30 MIN. KOCHEN, BRATEN + BACKEN

—

- 200 g Hokkaidokürbis, in Würfel geschnitten
- 1 EL Olivenöl
- Salz, Pfeffer
- 1 Pck. Pizzateig
- 200 g Sahne zum Kochen (15 % Fett)

- 1 große rote Zwiebel, in dünne Ringe geschnitten
- 80 g Feta
- 50 g Chorizo, in kleine Stücke geschnitten
- 1 TL Oregano

1. Den Hokkaidokürbis in einem Topf mit heißem Öl etwa 10 Minuten braten. Die Sahne zugießen und noch weitere 5 Minuten garen. Salzen und pfeffern, anschließend pürieren.

2. Den Backofen auf 220 °C Umluft vorheizen. Den Pizzateig auf einem mit Backpapier ausgelegten Backblech ausrollen, die Kürbiscreme gleichmäßig darauf verstreichen. Rote Zwiebel, zerbröckelten Feta und Chorizo darüber verteilen. Mit Oregano bestreuen. Im Ofen etwa 15 Minuten backen, dabei immer wieder einen Blick auf die Pizza werfen, damit sie nicht zu dunkel wird.

MAC'N'CHEESE
MIT KÜRBIS

—

FÜR **4** PORTIONEN
ZEITBEDARF: **15** MIN.
50 MIN. KOCHEN + BACKEN

—

- 125 g Hokkaidokürbis, in Würfel geschnitten
- 400 g Makkaroni
- 20 g Maisstärke
- 400 ml Milch
- 150 g frisch geriebener Cheddar
- 1 EL Senf
- Salz, Pfeffer
- 20 g Butter, zerlassen
- 50 g Paniermehl

1. Den Backofen auf 180 °C (Umluft 160 °C) vorheizen. Den Hokkaidokürbis in Wasser oder Dampf weich garen.

2. Die Nudeln entsprechend nach Packungsanweisung in reichlich Salzwasser al dente kochen.

3. Unterdessen in einem Topf die Maisstärke mit etwas Milch anrühren, die restliche Milch zugießen. Bei mittlerer Hitze erwärmen und unter Rühren mit dem Schneebesen eindicken lassen. 100 g Cheddar dazugeben und bei niedriger Hitze schmelzen. Vom Herd nehmen, den Senf und den Kürbis hinzufügen, das Ganze pürieren. Nach Bedarf abschmecken.

4. Die Makkaroni mit der Béchamelsauce verrühren, sodass sie ganz damit überzogen sind, und in eine ofenfeste weite Form geben. Die zerlassene Butter mit dem Paniermehl vermischen, den Auflauf mit dieser Mischung und dem restlichen Cheddar bestreuen. Im Ofen etwa 30 Minuten backen, bis sich eine goldbraune Kruste bildet.

REZEPT NR. 3

BUTTERNUT-
WAFFELN

—

FÜR **4** PORTIONEN
ZEITBEDARF: **10** MIN.
3–5 MIN. BACKEN PRO WAFFEL

—

- 2 Eier
- 100 ml Milch
- 150 g Mehl
- 2 TL Backpulver
- 40 g frisch geriebener Parmesan (oder Gruyère, Comté …)

- 200 g Butternutkürbis-Püree
- 1 Prise Muskatnuss
- Salz, Pfeffer

1. Die Eier trennen. In einer Schüssel die Eigelbe mit der Milch verquirlen, Mehl und Backpulver, Parmesan, Butternutkürbis-Püree, Muskatnuss, etwas Salz und Pfeffer untermischen.

2. Das Eiweiß steif schlagen. Ein Viertel davon in die Eigelb-Mehl-Mischung geben, mit dem Schneebesen schaumig rühren und den Rest vom Eiweiß vorsichtig unterheben.

3. Einen Schöpflöffel Teig in ein heißes Waffeleisen geben und 3–5 Minuten backen.

4. Servieren Sie die Waffeln mit einer Beilage Ihrer Wahl: einem Spiegelei, Bacon, Räucherlachs, Frischkäse …

SPAGHETTIKÜRBIS
ALLA BOLOGNESE
—

FÜR **2** PORTIONEN
ZEITBEDARF: **10** MIN.
50 MIN. KOCHEN, BRATEN + BACKEN

—

- 1 mittelgroßer Spaghettikürbis
- 1 Möhre, in dünne Scheiben geschnitten
- 1 Zwiebel, in dünne Ringe geschnitten
- 1 TL Olivenöl
- 300 g Rinderhackfleisch

- 300 ml passierte Tomaten
- Salz, Pfeffer
- einige Basilikumblätter, fein gehackt
- 80 g frisch geriebener Käse (Parmesan, Gruyère …)

1. Den Backofen auf 180 °C (Umluft 160 °C) vorheizen. Den Kürbis längs halbieren, mit einem Löffel Kerne und Fasern herauskratzen. Kürbishälften mit der Schnittfläche nach unten auf ein mit Backpapier ausgelegtes Backblech legen. Im Backofen 30 Minuten garen, Kürbishälften umdrehen, mit Alufolie abdecken und noch weitere 15 Minuten garen.

2. Unterdessen Möhre und Zwiebel mit dem Olivenöl anbraten, leicht bräunen. Das Fleisch dazugeben und anbräunen, anschließend passierte Tomaten, etwas Salz, Pfeffer und Basilikum hinzufügen. Die Sauce bolognese 15–20 Minuten köcheln lassen.

3. Den vorgegarten Kürbis etwas abkühlen lassen, anschließend mit einer Gabel das Fruchtfleisch herauslösen, dabei entstehen Spaghetti-ähnliche Fäden. In den Topf mit der Bolognese geben und gut umrühren. Die Masse in die ausgehöhlten Kürbisschalen füllen, mit geriebenem Käse bestreuen und unter dem Grill des Backofens einige Minuten gratinieren.

ROTE-LINSEN-DAL
MIT CHINAKOHL

ASIA-SUPPE
MIT PAK CHOI UND GARNELEN

GRÜNKOHL, ROMANESCO UND CHINAKOHL

PASTA
MIT ROMANESCO

GRÜNKOHL–
FLAN

REZEPT NR. 1

ASIA-SUPPE
MIT PAK CHOI UND GARNELEN
—

FÜR **2** PORTIONEN
ZEITBEDARF: **20** MIN.
15 MIN. KOCHEN + BRATEN

—

- 2 Pak Choi
- 2 Frühlingszwiebeln
- 1 TL Olivenöl
- 12 rosa Tiefseegarnelen ohne Schale (küchenfertig)
- 1 Knoblauchzehe, gehackt
- 2 Möhren, in Stifte geschnitten
- 1 EL Rote Currypaste
- 100 ml Kokosmilch
- Salz
- 80 g asiatische Weizennudeln
- einige Stängel Koriandergrün, fein gehackt

1. Einen Pak Choi längs halbieren und den anderen in schmale Streifen schneiden. Die Frühlingszwiebeln in dünne Ringe schneiden, das Grün ebenfalls in Ringe schneiden und zum Garnieren beiseite legen.

2. Das Öl in einem Topf erhitzen und die Garnelen und den Knoblauch kurz anbraten. Beiseite stellen.

3. Frühlingszwiebeln, Möhren und den in Streifen geschnittenen Pak Choi in den Topf geben und 2 Minuten braten. Die Currypaste hinzufügen und bei hoher Hitze unter ständigem Rühren 1 Minute braten. 400 ml Wasser und die Kokosmilch angießen, etwas Salz und schließlich den halbierten Pak Choi hinzufügen. Das Ganze zum Kochen bringen, die Nudeln hineingeben und entsprechend der Packungsanweisung garen.

4. Die Garnelen in die Bouillon geben und darin erwärmen. Vor dem Servieren mit dem Grün der Frühlingszwiebeln und dem Koriandergrün bestreuen.

ROTE-LINSEN-DAL
MIT CHINAKOHL
—

FÜR **4** PORTIONEN
ZEITBEDARF: **10** MIN.
25 MIN. BRATEN + KOCHEN
—

- 1 TL Olivenöl
- 1 Zwiebel, in dünne Ringe geschnitten
- 2 cm frischer Ingwer, gerieben
- 1 TL Currypulver
- 70 g Tomatenmark
- 200 ml Kokosmilch
- 150 g rote Linsen
- 1 Prise edelsüßes Paprikapulver
- Salz, Pfeffer
- 1 Chinakohl, in schmale Streifen geschnitten
- Saft von 1 Limette
- 1 Handvoll Cashewkerne
- Naan-Brot zum Servieren (nach Belieben)

1. Das Öl in einer großen, hohen Pfanne erhitzen und die Zwiebel 3–4 Minuten darin anbraten. Ingwer, Currypulver und Tomatenmark hinzufügen und weitere 2 Minuten braten. Anschließend die Kokosmilch und 800 ml Wasser zugießen, zum Kochen bringen. Rote Linsen, Paprikapulver, Salz und Pfeffer dazugeben. Zugedeckt etwa 10 Minuten köcheln lassen. Chinakohl und Limettensaft hinzugeben und weitere 10 Minuten garen.

2. Mit einigen Cashewkernen garniert und nach Belieben mit Naan-Brot servieren.

PASTA
MIT ROMANESCO
—

FÜR **4** PORTIONEN
ZEITBEDARF: **10** MIN.
15 MIN. KOCHEN

—

- 1 Romanesco, in Röschen zerteilt
- 150 g geräucherte Speckwürfel
- 1 Zwiebel, in dünne Ringe geschnitten
- 400 g frische Pasta
- 40 g frisch geriebener Parmesan
- Salz, Pfeffer

1. Einen Topf mit Salzwasser zum Kochen bringen und darin die Romanesco-Röschen 10 Minuten garen.

2. Die Speckwürfel in einer Pfanne anschwitzen. Die Zwiebel dazugeben und 5 Minuten braten.

3. In der Zwischenzeit die Pasta entsprechend der Packungsanweisung in reichlich Salzwasser al dente kochen. Mit dem Romanesco, den Speckwürfeln und den Zwiebeln anrichten, mit etwas Salz und Pfeffer und dem geriebenen Parmesan bestreuen und sofort servieren.

REZEPT NR. 4

GRÜNKOHL-
FLAN

—

FÜR **4** PORTIONEN
ZEITBEDARF: **10** MIN.
40 MIN. KOCHEN + BACKEN

—

- 200 g Grünkohl
- 1 TL Olivenöl
- 1 kleine Zwiebel, in dünne Ringe geschnitten
- 3 Eier
- 150 g Sahne
- 40 g frisch geriebener Comté
- Salz, Pfeffer

1. Den Backofen auf 180 °C (Umluft 160 °C) vorheizen. Vom Grünkohl die großen Rippen entfernen und die Blätter in Streifen schneiden.

2. Das Olivenöl in einer hohen Pfanne erhitzen und die Zwiebel darin 5 Minuten anbraten. Den Grünkohl und 1 kleines Glas Wasser dazugeben und bei niedriger Hitze 15 Minuten köcheln lassen.

3. Die Eier verquirlen, Sahne, Käse, etwas Salz und Pfeffer hinzufügen. Das Gemüse auf 4 Auflaufförmchen verteilen und die Eier-Sahne-Mischung darübergeben. Im Ofen etwa 20 Minuten backen.

VIEL BESSER ALS IHR RUF –
DIE WENIGER BELIEBTEN

Chicorée, Steckrübe, Spinat, Rosenkohl ...

Diese Gemüsesorten sind bei vielen offenbar nicht besonders
beliebt, manche können sie sogar überhaupt nicht ausstehen ...
Hier kommt die Gelegenheit, sich von alten Vorurteilen
zu befreien – lassen Sie sich von diesen überaus leckeren
Rezepten überraschen!

LASAGNE
MIT CHAMPIGNONS UND SCHINKEN

PILZE

BLÄTTERTEIGPASTETE
NACH FÖRSTERIN-ART

STEINPILZ-
RISOTTO

OMELETT
MIT PFIFFERLINGEN UND KÄSE

REZEPT NR. 1

LASAGNE
MIT CHAMPIGNONS
UND SCHINKEN

—

FÜR **4** PORTIONEN
ZEITBEDARF: **15** MIN.
35 MIN. KOCHEN, BRATEN + BACKEN

—

- 400 g Champignons, in Scheiben geschnitten
- 25 g Maisstärke
- 500 ml Milch
- Salz, Pfeffer

- 1 TL Sahne
- 8 Lasagneplatten
- 5 Scheiben Schinken
- 100 g frisch geriebener Gruyère

1. Den Backofen auf 180 °C (Umluft 160 °C) vorheizen. Die Champignons in einer Pfanne unter ständigem Rühren etwa 5 Minuten ohne Fett anbraten.

2. In der Zwischenzeit die Maisstärke mit der kalten Milch anrühren, unter ständigem Rühren erhitzen, bis sie eindickt. Vom Herd nehmen, salzen und pfeffern. Ein Viertel der Béchamelsauce beiseite stellen und die Pilze in die restliche Sauce geben.

3. Zuerst die Sahne in eine Auflaufform füllen, eine Schicht Lasagneplatten darauflegen, mit der Hälfte des Schinkens bedecken, dann mit der Hälfte der Pilzsauce überziehen. Den Vorgang einmal wiederholen. Mit einer Schicht Lasagneplatten abschließen und mit der zurückbehaltenen Béchamelsauce bestreichen. Mit geriebenem Gruyère bestreuen und im Ofen etwa 30 Minuten backen.

REZEPT NR. 2

OMELETT
MIT PFIFFERLINGEN UND KÄSE

—

FÜR **4** PORTIONEN
ZEITBEDARF: **10** MIN.
10–15 MIN. BRATEN

—

- 6 Eier (Größe L)
- 60 g frisch geriebener Comté
- 1 EL fein gehackte

Petersilie
- Salz, Pfeffer
- 120 g Pfifferlinge
- 1 TL Butter

1. Die Eier verquirlen. Geriebenen Käse, Petersilie, Salz und Pfeffer dazugeben.

2. Die Pfifferlinge säubern und die Stielenden abschneiden. Größere Pilze etwas kleiner schneiden. Die Butter in einer Pfanne zerlassen. Die Pfifferlinge darin braten, bis sie anfangen, Flüssigkeit abzugeben. Beiseite stellen.

3. Die Eiermasse in die Pfanne geben, dann die Pfifferlinge hinzufügen und je nach gewünschtem Gargrad 5–10 Minuten stocken lassen.

REZEPT NR. 3
BLÄTTERTEIGPASTETE
NACH FÖRSTERIN-ART
—

FÜR **4** PORTIONEN
ZEITBEDARF: **20** MIN.
1 STUNDE KOCHEN, BRATEN + BACKEN
—

- 50 g Butter + Butter für die Form
- 2 Schalotten, in dünne Ringe geschnitten
- 500 g Hähnchenbrustfilet, in Würfel geschnitten
- 300 g gemischte Pilze, in Scheiben geschnitten
- 60 g Mehl + Mehl für die Form
- 500 ml warme Geflügel-brühe
- Salz, Pfeffer
- 2 Pck. fertiger Blätterteig (oder Mürbeteig)
- 1 EL fein gehackte Petersilie
- 1 Eigelb, verquirlt

1. In einer Pfanne 10 g Butter zerlassen und die Schalotten darin anschwitzen. Darin das Hähnchen anbräunen. Beiseite stellen. Die Pilze dazugeben und kurz mitdünsten.

2. In der Zwischenzeit die restlichen 40 g Butter in einem Topf zerlassen, das Mehl hinzufügen und gut verrühren. 2–3 Minuten anschwitzen. Die warme Brühe angießen und mit dem Schneebesen einrühren. Köcheln lassen, bis sie eindickt. Abschmecken.

3. Den Backofen auf 180 °C (Umluft 160 °C) vorheizen. Hähnchenbrust und Pilze mit der Sauce vermischen. Eine Auflaufform mit Butter einfetten und mit Mehl bestäuben. Mit der ersten Blätterteigplatte auslegen, Mischung und Petersilie daraufgeben. Mit der zweiten Blätterteigplatte bedecken. Die Ränder gut andrücken, überstehenden Teig abschneiden. Ein kleines Loch in die Mitte der oberen Teigplatte schneiden. Die Pastete mit dem verquirlten Eigelb bestreichen. Im Ofen 45–50 Minuten backen.

REZEPT NR. 4

STEINPILZ-
RISOTTO

—

FÜR **4** PORTIONEN
ZEITBEDARF: **10** MIN.
25 MIN. KOCHEN

—

- 1 TL Butter
- 200 g Steinpilze, in Scheiben geschnitten
- 1 Zwiebel, in dünne Ringe geschnitten
- 250 g Risottoreis (z. B. Arborio)
- 100 ml Weißwein
- 1 l heiße Gemüsebrühe
- Salz, Pfeffer
- 50 g frisch geriebener Parmesan
- einige Stängel Petersilie, fein gehackt

1. Die Butter in einer hohen Pfanne zerlassen und die Steinpilze einige Minuten darin anbraten. Beiseite stellen.

2. In derselben Pfanne die Zwiebel 3–4 Minuten anschwitzen. Den Reis dazugeben und unter ständigem Rühren 1 Minute dünsten, bis die Körner glasig sind. Den Weißwein angießen und bei hoher Hitze einkochen lassen. Bei schwacher Hitze weiterköcheln, dabei die heiße Gemüsebrühe schöpflöffelweise dazugeben und so lange rühren, bis der Reis die Brühe aufgesogen hat. Auf diese Weise den Reis etwa 18 Minuten garen. Wenn der Risotto beinahe gar ist, die Steinpilze hinzufügen.

3. Vom Herd nehmen, leicht salzen, pfeffern und den Parmesan hinzufügen. Umrühren, 2 Minuten warten und mit Petersilie bestreut servieren.

LAUCH-RISOTTO
MIT CHORIZO

LAUCH-AUFLAUF
MIT LACHS UND FETA

LAUCH

LAUCHTORTE

FEINES LAUCHGEMÜSE
MIT CURRY UND KOKOSMILCH

REZEPT NR. 1

FEINES LAUCHGEMÜSE
MIT CURRY UND KOKOSMILCH

FÜR **2** PORTIONEN
ZEITBEDARF: **10** MIN.
30 MIN. KOCHEN

1. Das Öl in einer hohen Pfanne erhitzen, die Schalotten einige Minuten darin anbraten. Den Lauch hinzugeben und zugedeckt bei niedriger Hitze etwa 20 Minuten köcheln lassen.

2. Currypulver, Kokosmilch, etwas Salz und Pfeffer hinzufügen und gut verrühren. Ohne Deckel noch 5 Minuten weitergaren.

- 1 TL neutrales Öl
- 2 Schalotten, in dünne Ringe geschnitten
- 3–4 Stangen Lauch, in Stücke geschnitten
- 1 TL Currypulver
- 150 ml Kokosmilch
- Salz, Pfeffer

REZEPT NR. 2

Pute statt Lachs

LAUCH-AUFLAUF
MIT LACHS UND FETA

FÜR **4** PORTIONEN
ZEITBEDARF: **15** MIN.
35–40 MIN. KOCHEN + BACKEN

1. In einer hohen Pfanne den Lauch im Olivenöl anbraten. Bei niedriger Hitze 10 Minuten dünsten, bei Bedarf einige Tropfen Wasser hinzugeben.

2. Den Backofen auf 180 °C (Umluft 160 °C) vorheizen. Die Eier verquirlen, Mehl dazugeben und unter Rühren mit dem Schneebesen Milch und zerbröckelten Feta untermischen. Leicht salzen und pfeffern.

3. Lauch und Räucherlachs in eine große oder vier kleine Auflaufformen schichten, mit der Eiermischung bedecken. Je nach Größe der Form im Ofen 25–30 Minuten backen.

4. Warm und nach Belieben mit einem Salat servieren.

- 2 Stangen Lauch (weiße Teile), in dünne Scheiben geschnitten
- 1 TL Olivenöl
- 2 Eier
- 80 g Mehl
- 150 ml Milch
- 60 g Feta
- Salz, Pfeffer
- 4 Scheiben Räucherlachs, in schmale Streifen geschnitten

REZEPT NR. 3

LAUCH-RISOTTO
MIT CHORIZO

FÜR **4** PORTIONEN
ZEITBEDARF: **10** MIN.
25 MIN. KOCHEN

—

- 2–3 Stangen Lauch (weiße Teile), in dünne Scheiben geschnitten
- 2 Knoblauchzehen, gehackt
- etwas Olivenöl
- 240 g Risottoreis (z. B. Arborio)
- 200 ml Weißwein
- 120 g Chorizo, in kleine Stücke geschnitten
- 800 ml Geflügelbrühe
- 1 TL Oregano
- 40 g frisch geriebener Parmesan
- Salz, Pfeffer

1. In einer hohen Pfanne Lauch und Knoblauch mit etwas Olivenöl 5 Minuten anschwitzen.

2. Den Reis dazugeben und unter Rühren 1 Minute dünsten, bis die Körner glasig sind. Den Weißwein angießen und bei mittlerer Hitze einkochen lassen. Die Chorizo hinzufügen. Die Gemüsebrühe schöpflöffelweise angießen und so lange rühren, bis der Reis die Brühe aufgesogen hat. Auf diese Weise den Reis etwa 18 Minuten garen.

3. Am Ende der Garzeit Oregano, Parmesan und etwas Salz und Pfeffer hinzufügen. Durchrühren und servieren.

REZEPT NR. 4

LAUCHTORTE

FÜR **4–6** PORTIONEN
ZEITBEDARF: **15** MIN.
35 MIN. BRATEN + BACKEN

—

- 1 TL Butter
- 2 Stangen Lauch (weiße Teile), in dünnen Scheiben
- 2 Eier + 2 Eigelbe
- 100 ml Milch
- 250 g Sahne
- Salz, Pfeffer
- 1 Pck. Mürbeteig

1. Die Butter in einer hohen Pfanne zerlassen und den Lauch 10 Minuten darin anbraten.

2. Den Backofen auf 180 °C (Umluft 160 °C) vorheizen. In einer Schüssel Eier, Eigelbe, Milch und Sahne verquirlen. Salzen und pfeffern. Eine Tarteform mit dem Teig auslegen und den gebratenen Lauch hineinfüllen, die Eiersahne darüber geben. Im Ofen etwa 25 Minuten backen.

SPINAT-GNOCCHI-AUFLAUF
MIT CHIPOLATAS

SPINAT UND MANGOLD

GEFÜLLTE REISBÄLLCHEN
MIT SPINAT

BÖREK
MIT SPINAT UND RICOTTA

MANGOLD-QUICHE
MIT CHORIZO

SPINAT-GNOCCHI-AUFLAUF
MIT CHIPOLATAS

—

FÜR **2** PORTIONEN
ZEITBEDARF: **10** MIN.
20–25 MIN. BRATEN + BACKEN

—

- 2 Chipolatas (grobe, dünne Bratwürstchen)
- 250 g Gnocchi
- 1 Schalotte, in dünne Ringe geschnitten
- 2 Handvoll Blattspinat
- 100 g Sahne
- 50 g frisch geriebener Parmesan
- Salz, Pfeffer

1. In einer großen Pfanne die Chipolatas von allen Seiten braun braten. Beiseite stellen. Die Gnocchi bei hoher Hitze unter ständigem Rühren anbraten. Ebenfalls beiseite stellen. Die Schalotte 2–3 Minuten anschwitzen, den Spinat dazugeben und etwas zusammenfallen lassen.

2. Unterdessen die Chipolatas in Stücke schneiden. Mit den Gnocchi, der Sahne, 30 g Parmesan, etwas Salz und Pfeffer in die Pfanne geben. Bei niedriger Hitze noch 5 Minuten köcheln lassen.

3. Den Backofen auf 200 °C (Umluft 180 °C) vorheizen. Die Masse in 2 Auflaufformen füllen und mit dem restlichen Parmesan bestreuen. 5–10 Minuten unter den Grill des Backofens schieben.

BÖREK
MIT SPINAT & RICOTTA

—

FÜR **2** PORTIONEN
ZEITBEDARF: **15** MIN.
20 MIN. BRATEN + BACKEN

—

- 1 Schalotte, in dünne Ringe geschnitten
- etwas Olivenöl
- 300 g Blattspinat
- 150 g Ricotta
- Salz, Pfeffer
- 6 Blätter Filo- oder Yufka-Teig

1. Die Schalotte in einer leicht gefetteten Pfanne einige Minuten anbraten, den Spinat dazugeben, zudecken und etwas zusammenfallen lassen (die Blätter des Spinats verlieren beim Kochen deutlich an Volumen).

2. Im Mixer grob pürieren, mit Ricotta, Salz und Pfeffer vermischen.

3. Den Backofen auf 180 °C (Umluft 160 °C) vorheizen. Ein Teigblatt auf die Arbeitsfläche legen, die Spinat-Ricotta-Masse in die Mitte geben und zu einer Rolle formen: Dazu die breite Seite des Teigs vorsichtig über die Füllung falten. Die Seiten rechts und links nach innen einklappen und den Teig wie ein Wrap nach oben hin aufrollen. Den Vorgang mit dem restlichen Teig und der restlichen Füllung wiederholen. Die Börek auf ein mit Backpapier ausgelegtes Backblech legen, mit etwas Öl bepinseln und im Ofen etwa 15 Minuten goldbraun backen.

REZEPT NR. 3

GEFÜLLTE REISBÄLLCHEN
MIT SPINAT

—

FÜR **4** PORTIONEN
ZEITBEDARF: **15** MIN.
10–15 MIN. FRITTIEREN

—

- 100 g Blattspinat
- 200 g Risotto (Reste, z. B. vom Lauch-Risotto, siehe Seite 121)
- 1 Kugel Mozzarella, in Würfel geschnitten
- Mehl
- 2 Eier, verquirlt
- Paniermehl
- Öl zum Frittieren

1. Den Spinat in einer leicht gefetteten hohen Pfanne andünsten, bis er zusammenfällt. Abkühlen lassen, dann fein schneiden und unter das Risotto rühren.

2. Für die Bällchen je 2–3 EL Spinatreis in die leicht angefeuchtete Handfläche geben, eine Vertiefung eindrücken und jeweils einen Mozzarellawürfel hineingeben. Mit Reis verschließen und zu einer Kugel formen. Die Kugeln im Mehl, im Ei, dann im Paniermehl wenden.

3. Frittieröl in einem Topf erhitzen und die Bällchen darin portionsweise frittieren. Wenn die Arancini goldbraun sind, mit einem Schaumlöffel herausnehmen und auf Küchenpapier abtropfen lassen.

4. Nach Belieben mit einem Blattsalat anrichten und sofort servieren.

MANGOLD-QUICHE
MIT CHORIZO

—

FÜR **4–6** PORTIONEN
ZEITBEDARF: **15** MIN.
35–40 MIN. BRATEN + BACKEN

—

- 500 g Mangoldblätter
- 1 EL Olivenöl
- 4 Eier
- 250 g Sahne

- Salz, Pfeffer
- 1 Pck. Blätterteig
- 100 g Chorizo, in kleine Stücke geschnitten

1. Die Mangoldblätter in einer leicht gefetteten hohen Pfanne andünsten, bis sie zusammenfallen. Abkühlen lassen, dann fein schneiden.

2. Die Eier verquirlen, Sahne, etwas Salz und Pfeffer dazugeben und verrühren.

3. Den Backofen auf 180 °C (Umluft 160 °C) vorheizen. Eine Quicheform mit dem Teig auslegen und den gebratenen Lauch und die Chorizo hineinfüllen, die Eiersahne darübergeben. Im Ofen etwa 30–35 Minuten backen.

ROTE-BETE-
UND MAIRÜBCHEN-
CHIPS

ROTE-BETE-
SCHOKOLADEN-KUCHEN

ROTE BETE UND MAIRÜBCHEN

GESTÜRZTE
MAIRÜBCHEN-TARTE

KARAMELLISIERTE
MAIRÜBCHEN

REZEPT NR. 1

ROTE-BETE-
SCHOKOLADEN-KUCHEN

FÜR **4** PORTIONEN
ZEITBEDARF: **15** MIN.
30–35 MIN. BACKEN

1. Schokolade im Wasserbad schmelzen.

2. Den Backofen auf 180 °C (Umluft 160 °C) vorheizen. Die Eier mit dem Zucker schaumig schlagen, die geschmolzene Schokolade und die geriebene Rote Bete dazugeben. Mehl, Kakao, Backpulver und Salz untermischen.

3. Die Masse in eine gefettete Springform füllen. Im Ofen 30–35 Minuten backen.

- 200 g Zartbitter-schokolade
- 3 Eier
- 80 g Zucker
- 300 g rohe Rote Bete, gerieben
- 100 g Mehl
- 2 EL Kakaopulver
- ½ Päckchen Backpulver
- 1 Prise Salz
- 1 TL Butter für die Form

REZEPT NR. 2

ROTE-BETE-MAIRÜBCHEN-
CHIPS

FÜR **4** PORTIONEN
ZEITBEDARF: **10** MIN.
40 MIN. FRITTIEREN

1. Die Rote Bete und die Mairübchen mit einem Gemüsehobel in sehr dünne Scheiben hobeln. Dazu am besten Einmal-Handschuhe tragen.

2. Das Öl in einer Fritteuse (oder in einem weiten Topf) erhitzen. Sobald es heiß genug ist, das Gemüse hineingeben und einige Minuten knusprig frittieren.

3. Gemüsechips herausnehmen und auf Küchenpapier gut abtropfen lassen. Mit Salz und Pfeffer würzen.

- 1 rohe Rote Bete
- 2 Mairübchen
- Öl zum Frittieren
- Salz, Pfeffer

GESTÜRZTE MAIRÜBCHEN-TARTE

FÜR **4–6** PORTIONEN
ZEITBEDARF: **10** MIN.
55 MIN. KOCHEN + BACKEN

- 8–10 Mairübchen
- 30 g Butter + Butter für die Form
- 2 EL Honig
- Salz, Pfeffer
- 1 Pck. Mürbeteig (alternativ Tarte- oder Quicheteig)
- 20 g Zucker
- 1 EL Thymian

1. Die Mairübchen mit einem Gemüsehobel in dünne Scheiben hobeln.

2. Die Butter in einer hohen Pfanne zerlassen und die Mairübchen darin mit dem Honig, etwas Wasser, Salz und Pfeffer bei niedriger Hitze etwa 10 Minuten köcheln lassen. Mit Zucker bestreuen und bei hoher Hitze karamellisieren lassen.

3. Den Backofen auf 180 °C (Umluft 160 °C) vorheizen. Eine Tarteform einfetten und die Rübchenscheiben rosettenförmig auf dem Boden anordnen. Die Teigplatte darüberlegen und den überstehenden Rand nach unten drücken. Im Ofen etwa 45 Minuten backen. Die Tarte aus dem Backofen nehmen, auf eine Platte stürzen und mit Thymian bestreuen. Sofort servieren.

KARAMELLISIERTE MAIRÜBCHEN

FÜR **4** PORTIONEN
ZEITBEDARF: **10** MIN.
20 MIN. KOCHEN + BRATEN

- 10 Mairübchen, in große Würfel geschnitten
- 20 g Butter
- 2 EL Honig
- 2 EL helle Sojasauce
- 2 cm frischer Ingwer, gerieben
- 1 EL fein gehacktes Koriandergrün

1. Die Rübchen in einem Topf mit kochendem Salzwasser 10 Minuten garen, anschließend gut abtropfen lassen.

2. Die Butter in einer großen, hohen Pfanne zerlassen, die vorgegarten Rübchen dazugeben und bei mittlerer bis hoher Hitze einige Minuten goldbraun braten. Honig, Sojasauce und Ingwer hinzufügen, karamellisieren lassen.

3. Mit Koriandergrün bestreut servieren.

ROTKOHL-TARTE
MIT ZIEGENFRISCHKÄSE

KOHL
FÜR JEDEN TAG

WIRSING-LACHS-
GRATIN

ROSENKOHL
MIT SENF UND BACON AUS DEM OFEN

PASTA
MIT HÄHNCHEN
UND BROKKOLI-PESTO

REZEPT NR. 1

ROTKOHL-TARTE
MIT ZIEGENFRISCHKÄSE

—

FÜR **4** PORTIONEN
ZEITBEDARF: **15** MIN.
45–50 MIN. KOCHEN, BRATEN + BACKEN

—

- 1 TL Olivenöl
- 1 rote Zwiebel, in dünne Ringe geschnitten
- 500 g Rotkohl, gerieben oder in schmale Streifen geschnitten
- Salz, Pfeffer
- 100 g Ziegenfrischkäse
- 1 Apfel, in kleine Würfel geschnitten
- 1 Pck. Mürbeteig (alternativ Tarte- oder Quicheteig)
- 4 Walnüsse, zerkleinert

1. In einer großen, hohen Pfanne das Öl erhitzen und die rote Zwiebel 5 Minuten anbraten. Den Rotkohl dazugeben und bei niedriger Hitze noch 15 Minuten dünsten. Salzen, pfeffern und beiseite stellen.

2. Den Backofen auf 180 °C (Umluft 160 °C) vorheizen. Den Teig auf einem mit Backpapier belegten Backblech rund ausrollen, mit Ziegenfrischkäse bestreichen, dabei einen 3 cm breiten Rand lassen. Rotkohl daraufgeben, Apfelwürfel und Walnüsse darüber verteilen. Den Teigrand rundherum nach oben umschlagen. Die Tarte im Ofen 25–30 Minuten backen.

REZEPT NR. 2

ROSENKOHL
MIT SENF UND BACON AUS DEM OFEN

—

FÜR **4** PORTIONEN
ZEITBEDARF: **10** MIN.
25–30 MIN. BACKEN

—

- 1 EL Senf nach alter Art
- 2 EL Olivenöl
- Salz, Pfeffer
- 400 g Rosenkohl, Röschen halbiert

- 1 rote Zwiebel, in dünne Ringe geschnitten
- 200 g Bacon-Streifen (oder Speckwürfel)

1. Den Backofen auf 200 °C (Umluft 180 °C) vorheizen. In einer Schüssel Senf, Öl, Salz und Pfeffer verrühren. Mit dem Rosenkohl in einen Gefrierbeutel geben und alles gut miteinander vermengen.

2. Den marinierten Rosenkohl, die rote Zwiebel und die Bacon-Streifen auf ein mit Backpapier ausgelegtes Backblech legen. Im Ofen 25–30 Minuten backen, nach der Hälfte der Garzeit durchmischen.

WIRSING-LACHS-
GRATIN
—

FÜR **4** PORTIONEN
ZEITBEDARF: **15** MIN.
35–40 MIN. KOCHEN + BACKEN
—

- 9 große Wirsingblätter
- 1 TL Olivenöl
- 1 Zwiebel, in dünne Ringe geschnitten
- 400 g Lachsfilet, in Würfel geschnitten
- Salz, Pfeffer
- 20 g Maisstärke
- 400 ml fettarme oder Magermilch
- 20 g Butter
- 50 g frisch geriebener Parmesan

1. Einen großen Topf mit Salzwasser zum Kochen bringen und die Wirsingblätter 8 Minuten darin garen. Gut abtropfen lassen.

2. Das Öl in einer hohen Pfanne erhitzen und die Zwiebel 5 Minuten anschwitzen. Lachswürfel, etwas Salz und Pfeffer dazugeben, weitere 2–3 Minuten dünsten.

3. Die Maisstärke mit der kalten Milch anrühren, dann unter ständigem Rühren aufkochen, bis die Masse eindickt. Zum Schluss die Butter unterrühren. Vom Herd nehmen, würzen.

4. Den Backofen auf 180 °C (Umluft 160 °C) vorheizen. Eine flache, ovale Gratinform mit 3 Wirsingblättern so auslegen, dass diese sich überlappen, darauf die Hälfte des Lachses und ein Drittel der Béchamelsauce geben, wiederum 3 Wirsingblätter, den restlichen Lachs und ein weiteres Drittel der Sauce. Mit 3 Wirsingblättern und der restlichen Béchamel abschließen, mit geriebenem Parmesan bestreuen. Im Ofen 20–25 Minuten backen und goldbraun gratinieren.

PASTA
MIT HÄHNCHEN UND BROKKOLI-PESTO
—

FÜR **4** PORTIONEN
ZEITBEDARF: **10** MIN.
20 MIN. KOCHEN + BRATEN
—

- 250 g Nudeln
  (z. B. Orecchiette)
- 400 g Brokkoli, in Röschen
  zerteilt
- 2 Knoblauchzehen,
  geschält
- 100 g Sahne
- Saft von ½ Zitrone
- 50 g Pecorino
  (oder Parmesan)
- Salz, Pfeffer
- 500 g Hähnchenbrustfilet,
  in Streifen geschnitten
- 1 TL Olivenöl

1. Die Nudeln entsprechend der Packungsanweisung in reichlich Salzwasser al dente kochen. In der Zwischenzeit den Brokkoli in einem Topf mit kochendem Salzwasser 8 Minuten garen. Abtropfen lassen, kalt abschrecken, damit er seine Farbe behält.

2. Den Brokkoli mit Knoblauch, Sahne, Zitronensaft, Pecorino, Salz und Pfeffer im Mixer zu einem sämigen Pesto pürieren.

3. Das Hähnchenfleisch in einer Pfanne mit dem Öl braten, salzen und pfeffern.

4. Das Brokkoli-Pesto bei niedriger Hitze erwärmen. Die Pasta mit dem Pesto überziehen und mit dem gebratenen Hähnchenfleisch servieren.

KARTOFFELGRATIN
MIT KNOLLENSELLERIE

PASTINAKEN
UND SELLERIE

WÜRZIGE POMMES
VON PASTINAKE UND KARTOFFEL

PASTINAKEN-RÖSTI
MIT MÖHREN UND KÄSE

QUICHE
MIT STAUDENSELLERIE UND ZIEGENFRISCHKÄSE

WÜRZIGE POMMES
VON PASTINAKE UND KARTOFFEL
—

FÜR **4** PORTIONEN
ZEITBEDARF: **10** MIN.
20–**25** MIN. KOCHEN +
BACKEN

—

- 1 TL Currypulver
- 2 EL Olivenöl
- 1 TL Salz
- 2 Pastinaken, in Stäbchen geschnitten
- 2 große Kartoffeln, in Stäbchen geschnitten

1. Den Backofen auf 200 °C Umluft vorheizen. Currypulver, Öl und etwas Salz zu einer Marinade verrühren und die Gemüse-Stäbchen darin wenden.

2. Die Pommes auf einem mit Backpapier ausgelegten Backblech so verteilen, dass sie nicht übereinanderliegen und gleich-mäßig garen können. Im Ofen 20–25 Minuten backen, dabei darauf achten, dass die Pommes nicht zu dunkel werden.

3. Unterdessen das Ketchup zubereiten. Alle Zutaten in einem Topf verrühren und bei niedriger Hitze unter ständigem Rüh-ren etwa 20 Minuten köcheln lassen. Die Sauce sollte eine dickflüssige Konsistenz haben.

4. Die Pommes mit dem Ketchup servieren.

FÜR DAS KETCHUP:
- 250 ml passierte Tomaten
- 1 EL Apfelessig
- 25 g Zucker
- 1 TL Paprikapulver
- 1/2 TL Zimt
- 1/2 TL Muskatnuss
- 1/2 TL Salz

PASTINAKEN-RÖSTI
MIT MÖHREN UND KÄSE
—

FÜR **4** PORTIONEN
ZEITBEDARF: **10** MIN.
20 MIN. BACKEN

—

- 2 Eier
- 1 EL Maisstärke
- 2 Pastinaken, grob geraspelt
- 2 Möhren, grob geraspelt
- 40 g frisch gerie-bener Hartkäse (z. B. Edamer)
- Salz, Pfeffer

1. Den Backofen auf 200 °C (Umluft 180 °C) vorheizen. In einer Schüssel die Eier verquirlen und die Maisstärke darin anrüh-ren. Die Gemüseraspel, Käse, etwas Salz und Pfeffer hinzu-geben und gut vermengen.

2. Die Rösti-Masse in gleich große Portionen teilen und diese auf ein mit Backpapier ausgelegtes Backblech geben. Die Rösti im Ofen 20 Minuten backen, nach der Hälfte der Gar-zeit wenden.

REZEPT NR. 3

KARTOFFELGRATIN
MIT KNOLLENSELLERIE

—

FÜR **4** PORTIONEN
ZEITBEDARF: **15** MIN.
1 STD **10** MIN. KOCHEN +
BACKEN

- 500 ml Milch
- Salz, Pfeffer
- 1 Prise Muskatnuss
- 600 g Kartoffeln, in dünne Scheiben geschnitten
- 600 g Knollensellerie, in dünne Scheiben geschnitten
- 1 Knoblauchzehe, geschält
- 400 g Sahne
- 1 TL Butter + Butter für die Form

1. Den Backofen auf 180 °C (Umluft 160 °C) vorheizen. Die Milch in einem Topf mit etwas Salz, Pfeffer und Muskatnuss zum Kochen bringen. Kartoffeln und Knollensellerie dazugeben und 10 Minuten köcheln lassen, dabei ständig rühren, damit nichts am Boden anliegt.

2. Eine große Auflaufform mit der Knoblauchzehe einreiben und ausbuttern. Die Gemüse-Mischung hineingeben, die Sahne darübergießen und kleine Butterflöckchen darauf verteilen. Etwa 1 Stunde backen, am Ende der Garzeit im Auge behalten, damit das Gratin nicht zu dunkel wird.

REZEPT NR. 4

QUICHE
MIT STAUDENSELLERIE UND ZIEGENFRISCHKÄSE

—

FÜR **4** PORTIONEN
ZEITBEDARF: **10** MIN.
30 MIN. BRATEN + BACKEN

- 1 TL Olivenöl
- 2 Stangen Staudensellerie, in dünne Scheiben geschnitten
- 3 Eier
- 150 g Sahne
- 150 g Ziegenfrischkäse
- Salz, Pfeffer
- 1 Pck. Mürbeteig (alternativ Tarte- oder Quicheteig)

1. Das Olivenöl in einer Pfanne erhitzen und den Sellerie 5 Minuten darin anbraten. Beiseite stellen.

2. Den Backofen auf 180 °C (Umluft 160 °C) vorheizen. Die Eier verquirlen, dann die Sahne, den Ziegenfrischkäse, etwas Salz und Pfeffer unterrühren.

3. Eine Quicheform mit dem Teig auslegen. Sellerie darauf verteilen und die Eiersahne darüber gießen. Im Ofen etwa 25 Minuten backen.

FLAMMKUCHEN
MIT CHICORÉE

FENCHEL UND CHICORÉE

ÜBERBACKENER FENCHEL
MIT HACKFLEISCH

BUCHWEIZENNUDEL-AUFLAUF
MIT CHICORÉE UND CHEDDAR

FENCHELGRATIN
MIT SAHNE UND PARMESAN

REZEPT NR. I

FLAMMKUCHEN
MIT CHICORÉE

—

FÜR **4** PORTIONEN
ZEITBEDARF: **20** MIN.
30 MIN. BRATEN + BACKEN

—

FÜR DEN TEIG:
- 250 g Mehl
- 1 Prise Salz
- 50 ml Rapsöl

FÜR DIE FÜLLUNG:
- 3 Chicorée
- 150 g Speckwürfel
- 200 g Crème fraîche
- 100 g Quark
- 1 Zwiebel, in dünne Ringe geschnitten
- Salz, Pfeffer

1. Zuerst den Teig zubereiten. Mehl und Salz mischen, 100 ml lauwarmes Wasser und das Öl dazugeben und zu einem glatten Teig verkneten. Den Teig halbieren, zu zwei dünnen Fladen ausrollen und jeweils auf ein mit Backpapier ausgelegtes Backblech legen.

2. Chicorée jeweils längs halbieren und den Strunk kegelförmig ausschneiden.

3. Die Speckwürfel in einer hohen Pfanne anschwitzen, beiseite stellen. Den Chicorée 15 Minuten anbraten.

4. Den Backofen auf 240 °C (Umluft 220 °C) vorheizen. Crème fraîche und Quark verrühren, pfeffern. Die Teigfladen damit bestreichen, dann Chicorée, Speckwürfel und Zwiebel darauf verteilen. Flammkuchen im Ofen 8–10 Minuten backen.

REZEPT NR. 2

ÜBERBACKENER FENCHEL
MIT HACKFLEISCH

—

FÜR **4** PORTIONEN
ZEITBEDARF: **20** MIN.
40–45 MIN. KOCHEN, BRATEN + BACKEN

—

- 4 Knollen Fenchel
- 1 Zwiebel, in dünne Ringe geschnitten
- 1 TL Olivenöl
- 300 g Rinderhackfleisch
- 1 TL Gewürzmischung Italienische Kräuter
- Salz, Pfeffer
- 4 EL frisch geriebener Parmesan

1. Die Fenchelknollen längs halbieren. In einem Topf mit kochendem Salzwasser 10 Minuten vorgaren.

2. Unterdessen die Zwiebel mit dem Öl in einer hohen Pfanne 5 Minuten anbraten. Das Hackfleisch dazugeben und noch 5 Minuten weiterbraten. In eine Schüssel geben und beiseite stellen.

3. Den Backofen auf 180 °C (Umluft 160 °C) vorheizen. Die Fenchelhälften aushöhlen, sodass nur die äußeren Blätter übrig bleiben, die dann gefüllt werden. Das Innere des Fenchels fein hacken und mit den Gewürzen, Salz und Pfeffer zum Hackfleisch geben. Alles gut vermengen.

4. Die ausgehöhlten Fenchelhälften auf ein mit Backpapier ausgelegtes Backblech setzen, mit der Hackfleischmasse füllen und mit geriebenem Parmesan bestreuen. Im Ofen etwa 30 Minuten backen.

BUCHWEIZENNUDEL-AUFLAUF
MIT CHICORÉE UND CHEDDAR

—

FÜR **4** PORTIONEN
ZEITBEDARF: **15** MIN.
40–45 MIN. KOCHEN + BACKEN

—

- 6 Chicorée
- 200 g Speckwürfel (oder Bacon-Streifen)
- 1 TL Butter
- 2 Schalotten, in dünne Ringe geschnitten
- Salz, Pfeffer
- 200 g Buchweizennudeln (z. B. Crozets, savoyische Nudeln aus Buchweizenmehl)
- 200 g Sahne
- 80 g frisch geriebener Cheddar

1. Vom Chicorée jeweils den Strunk kegelförmig herausschneiden und längs halbieren.

2. Die Speckwürfel in einer hohen Pfanne anschwitzen, beiseite stellen. Die Butter zerlassen und die Schalotten einige Minuten darin anbraten. Den Chicorée dazugeben, salzen und pfeffern, zudecken und 20 Minuten köcheln lassen.

3. Den Backofen auf 180 °C (Umluft 160 °C) vorheizen. Unterdessen die Nudeln nach Packungsanweisung in reichlich Salzwasser al dente kochen. Gut abtropfen lassen, dann mit der Sahne in eine Auflaufform füllen. Den gegarten Chicorée mit in die Form geben, gut vermischen und mit Cheddar bestreuen. Im Ofen 20–25 Minuten backen, bis der Käse geschmolzen ist und eine goldbraune Kruste gebildet hat.

REZEPT NR. 4

FENCHELGRATIN
MIT SAHNE UND PARMESAN
—

FÜR **4** PORTIONEN
ZEITBEDARF: **10** MIN.
30 MIN. KOCHEN + BACKEN

—

- 4 Knollen Fenchel, geviertelt
- 250 g Sahne
- 60 g frisch geriebener Parmesan
- Salz, Pfeffer

1. Die Fenchelknollen in einem Topf mit kochendem Salzwasser 10 Minuten vorgaren. Gut abtropfen lassen.

2. Den Backofen auf 200 °C Umluft vorheizen. Den Fenchel in einer Schüssel mit der Sahne, 40 g Parmesan, etwas Salz und Pfeffer verrühren.

3. Die Mischung in eine Auflaufform füllen, mit dem restlichen Parmesan bestreuen. Im Ofen etwa 20 Minuten backen und goldbraun gratinieren.

STECKRÜBEN-CRUMBLE
MIT HASELNÜSSEN

ALTE GEMÜSESORTEN

KNOLLENZIEST
»ALLA CARBONARA«

SAMOSAS
MIT SCHWARZWURZELN
UND CURRY

TARTE FINE
MIT TOPINAMBUR UND
BLAUSCHIMMELKÄSE

REZEPT NR. 1

STECKRÜBEN-CRUMBLE
MIT HASELNÜSSEN
—

FÜR **4** PORTIONEN
ZEITBEDARF: **15** MIN.
40–45 MIN. KOCHEN + BACKEN
—

- 600 g Steckrüben, geschält und in Würfel geschnitten
- 1 Möhre, in Würfel geschnitten
- 80 g Mehl
- 30 g frisch geriebener Parmesan
- 60 weiche Butter, in kleine Stücke geschnitten
- 40 g Haselnüsse, grob gehackt
- 1 Zwiebel, in dünne Ringe geschnitten
- Salz, Pfeffer

1. Die Steckrüben und die Möhre in einem Topf mit kochendem Salzwasser 15 Minuten garen.

2. In der Zwischenzeit die Streuselmasse zubereiten. In einer Schüssel Mehl und geriebenen Parmesan vermengen, die weiche Butter mit den Fingerspitzen untermischen und zu Krümeln verarbeiten. Die gehackten Haselnüsse untermischen.

3. Das gegarte Gemüse und die Zwiebel in kleine Auflaufformen schichten, salzen und pfeffern und mit der Streuselmasse bedecken. Den Crumble im Ofen etwa 25–30 Minuten backen, bis die Streusel golden sind.

REZEPT NR. 2

KNOLLENZIEST
»ALLA CARBONARA«

—

FÜR **4** PORTIONEN
ZEITBEDARF: **10** MIN.
20 MIN. KOCHEN + BRATEN

—

- 600 g Knollenziest
- 1 TL Butter
- 150 g geräucherte Speckwürfel

- 1 Eigelb
- 200 g Sahne
- Salz, Pfeffer
- einige Parmesanspäne

1. Die äußeren Enden des Knollenziests abschneiden. Mit der Gemüsebürste gründliche abreiben und gut waschen. Alternativ mit grobem Salz in einem sauberen Geschirrtuch gut abreiben und anschließend waschen. Die Knollen in einem Topf mit kochendem Salzwasser 3 Minuten blanchieren.

2. Die Butter in einer hohen Pfanne zerlassen und den Knollenziest 10 Minuten darin anbraten. Die Speckwürfel hinzufügen und weitere 2–3 Minuten braten.

3. In der Zwischenzeit das Eigelb mit der Sahne verquirlen, salzen und pfeffern. Den Knollenziest mit der Eiersahne übergießen. Noch 5 Minuten köcheln lassen und mit Parmesanspänen bestreut servieren.

REZEPT NR. 3

SAMOSAS
MIT SCHWARZWURZELN UND CURRY
—

FÜR **4** PORTIONEN
ZEITBEDARF: **20** MIN.
45–50 MIN. KOCHEN + BACKEN
—

- 150 g frische Schwarzwurzeln
- einige Tropfen Zitronensaft
- etwas Olivenöl
- 1 Schalotte, in dünne Ringe geschnitten
- 1 TL Currypulver
- einige Kürbiskerne
- Salz
- 4 Blätter Filo- oder Yufka-Teig

1. Die Schwarzwurzeln am besten in einer großen Schüssel Wasser schälen (wegen ihres klebrigen Safts) und sofort in kaltes Zitronenwasser legen, damit sie nicht braun anlaufen. In Stifte schneiden und in einem Topf mit kochendem Salzwasser 20 Minuten garen. Abtropfen lassen und in 1/2 cm breite Stücke schneiden.

2. Etwas Öl in einer Pfanne erhitzen und die Schalotte einige Minuten darin anbraten. Schwarzwurzeln, Currypulver, Kürbiskerne und etwas Salz dazugeben, noch 10 Minuten weitergaren.

3. Den Backofen auf 180 °C (Umluft 160 °C) vorheizen. Die Teigblätter in Streifen schneiden. Nun werden die Samosas gefaltet: Dazu auf die kurze untere Seite etwas Füllung geben. Die linke untere Ecke diagonal nach rechts oben falten, sodass ein Dreieck entsteht. Dieses an der oberen Kante nach oben klappen. Diese Schritte wiederholen, bis der Teigstreifen aufgebraucht ist. Die Samosas auf ein mit Backpapier ausgelegtes Backblech legen und mit etwas Öl bepinseln. Im Ofen 10–15 Minuten goldbraun und knusprig backen.

REZEPT NR. 4

TARTE FINE
MIT TOPINAMBUR UND BLAUSCHIMMELKÄSE

—

FÜR **4–6** PORTIONEN
ZEITBEDARF: **10** MIN.
30 MIN. BACKEN

—

- 500 g Topinambur, geschält und in Scheiben geschnitten
- 1 Pck. Blätterteig
- Salz, Pfeffer
- 100 g Roquefort (oder ein anderer Blauschimmelkäse)

1. Den Backofen auf 180 °C Umluft vorheizen. Den Blätterteig auf einem mit Backpapier ausgelegten Backblech kreisförmig ausrollen und die Topinamburscheiben darauf verteilen. Salzen und pfeffern und den in kleine Stücke zerteilten Roquefort dazugeben.

2. Im Ofen etwa 30 Minuten backen.

VARIANTE: Sie können statt Blauschimmelkäse auch Mozzarella oder geriebenen Gruyère verwenden.

REZEPTREGISTER

ZUTATENREGISTER

Bibliografische Information der Deutschen Nationalbibliothek
Die Deutsche Nationalbibliothek verzeichnet diese Publikation in der Deutschen Nationalbibliografie. Detaillierte bibliografische Daten sind im Internet über http://dnb.d-nb.de abrufbar.

Für Fragen und Anregungen
info@rivaverlag.de

Wichtiger Hinweis
Ausschließlich zum Zweck der besseren Lesbarkeit wurde auf eine genderspezifische Schreibweise sowie eine Mehrfachbezeichnung verzichtet. Alle personenbezogenen Bezeichnungen sind somit geschlechtsneutral zu verstehen.

1. Auflage 2022
© 2022 by riva Verlag, ein Imprint der Münchner Verlagsgruppe GmbH
Türkenstraße 89
80799 München
Tel.: 089 651285-0
Fax: 089 652096

Die französische Originalausgabe erschien 2021 bei Larousse unter dem Titel *À la fin de ce livre vous aimerez les légumes!* © Larousse 2021. All rights reserved.

Übersetzung: Regine Schmidt
Redaktion: Sarah Holzwarth
Umschlaggestaltung: Isabella Dorsch
Umschlagabbildung: Fabrice Besse
Abbildungen Innenteil: Fabrice Besse
Layout: Valentine Antenni
Satz: inpunkt[w]o, Haiger (www.inpunktwo.de)
Druck: Firmengruppe APPL, aprinta Druck, Wemding
Printed in Germany

ISBN Print 978-3-7423-2063-6
ISBN E-Book (PDF) 978-3-7453-1826-5
ISBN E-Book (EPUB, Mobi) 978-3-7453-1827-2

Weitere Informationen zum Verlag finden Sie unter

www.rivaverlag.de

Beachten Sie auch unsere weiteren Verlage unter www.m-vg.de